Umweltfreunde 3

W0407070

Ein Sachbuch
für die Grundschule

Herausgegeben von
Inge Koch

Erarbeitet von
Kathrin Bertram
Silvia Ehrich
Marion Kloss
Inge Koch
Christine Köller
Rolf Leimbach
Silke Nitschel
Gerhild Schenk

VOLK UND WISSEN

Umweltfreunde 3

Herausgegeben von
Inge Koch

Erarbeitet von
Kathrin Bertram, Silvia Ehrich, Marion Kloss, Inge Koch, Christine Köller, Rolf Leimbach, Silke Nitschel, Gerhild Schenk

Unter Einbeziehung der Ausgabe von
Katharina Bruntsch, Sandra Chryselius, Heike Dietrich, Silvia Ehrich, Marion Kloss, Inge Koch, Rolf Leimbach, Silke Nitschel, Ulrike Rathjen, Ellen Soppa, Diana Voß

Begutachtet von
Annegret Schneider

Redaktion: Britta Frosina, Christa Krauthakel, Barbara Bütow
Bildrecherche (Foto): Peter Hartmann
Illustrationen: Uta Bettzieche (Detektiv und Hund, 56–57); Katharina Knebel (6–13, 15, 16, 18, 20, 21, 23, 26 o.l., u., 32, 34, 35, 43 u., 46–48, 52 M.r., 53, 55, 62, 63, 69, 73, 75, 76, 78, 82, 83, 92, 104, 107, 113, 117 M.o., u.l., 118, 119, 120, 123 o.); Karl-Heinz Wieland (28, 29, 42, 50, 51, 60, 61, 65, 88, 89, 91, 95–97, 124 u., 125); Hans Wunderlich (26 o.r., 29, 31, 43 o., 58, 66, 68, 114, 115, 126); sowie Lisa Apfelbacher (98, 99, 109, 116); Hajo Blank (106); Sandra Menke (71); Daniel Napp (123 u.); Oliver Regener (52 M.l., 102, 103); Heinz Helge Schulze (117 M. u.); Barbara Schumann (117 u.l./o.l.); Ute Thönissen (117 u.r.); Steffen Walentowitz (30)
Umschlaggestaltung: tritopp, Berlin; Katharina Knebel (Illustration), Uta Bettzieche (Detektiv und Hund)
Layout und technische Umsetzung: tritopp, Uwe Becker, Berlin

www.vwv.de

Die Links zu externen Webseiten Dritter, die in diesem Lehrwerk angegeben sind, wurden vor Drucklegung sorgfältig auf ihre Aktualität geprüft. Der Verlag übernimmt keine Gewähr für die Aktualität und den Inhalt dieser Seiten oder solcher, die mit ihnen verlinkt sind.

1. Auflage, 1. Druck 2010

© 2010 Cornelsen Verlag/Volk und Wissen Verlag, Berlin

Alle Drucke dieser Auflage sind inhaltlich unverändert und können im Unterricht nebeneinander verwendet werden.

Das Werk und seine Teile sind urheberrechtlich geschützt.
Jede Nutzung in anderen als den gesetzlich zugelassenen Fällen bedarf der vorherigen schriftlichen Einwilligung des Verlages.
Hinweis zu den §§ 46, 52 a UrhG: Weder das Werk noch seine Teile dürfen ohne eine solche Einwilligung eingescannt und in ein Netzwerk eingestellt oder sonst öffentlich zugänglich gemacht werden.
Dies gilt auch für Intranets von Schulen und sonstigen Bildungseinrichtungen.

Druck: CS-Druck Cornelsen Stürtz, Berlin

ISBN 978-3-06-082364-2

Inhalt gedruckt auf säurefreiem Papier aus nachhaltiger Forstwirtschaft.

Inhalt

5 **In der Schule**
6 Wir sind füreinander verantwortlich
8 Fremde Länder – fremde Kinder?
10 Trau dich „Nein“ zu sagen
12 Der Klassenrat tagt
14 Schule anderswo
16 Eine Meinung äußern

17 **Im Herbst**
18 Ein Park im Herbst
20 Tagbogen in den Jahreszeiten
22 Im Herbst wird es kälter …
23 … und windiger
24 Wer in Wolken „lesen“ kann, weiß, wann Regen kommt
26 Das Wetter beobachten und vorhersagen
28 Warme Herbsttage – Altweibersommer
29 Baldachinspinnen als Luftsegler
30 Die Kartoffelpflanze
31 Kartoffeln aus unserem Schulgarten
32 Wetterberichte auswerten

33 **Miteinander leben**
34 Wie Familien leben
36 So leben Kinder anderswo
38 Feste aus aller Welt
40 Reden ohne Worte

41 **Im Winter**
42 Wie Pflanzen überwintern
43 Wie Tiere überwintern
44 Wasser im Winter – wir dokumentieren
46 Gefahren einschätzen lernen
47 Bei Gefahren helfen
48 Rätselhaftes im Winter

49 **Das tut mir gut**
50 Was unseren Körper trägt und bewegt
52 Schlaffe Muskeln – krummer Rücken
54 Die Nahrungspyramide
55 Wie wir unsere Nahrung verdauen
56 Drogen, nein danke! – Projektbericht
58 Ein Handzettel für die Erste Hilfe

59 **Bei uns und anderswo**
60 Ein Modell der Schule bauen …
61 … und einen Plan davon zeichnen
62 Einen Ortsplan lesen und den Weg finden
63 Landkarten als Orientierungshilfen
64 Unser Heimatkreis – Landschaften und Höhen
65 Wie zeigen flache Karten hohe Berge?
66 Mit Karte, Kompass und Weitblick
67 Unser Heimatkreis – eine Karte lesen
68 Die Wirtschaft des Heimatkreises erkunden …
69 … und präsentieren
70 Im Straßenverkehr sicher unterwegs
71 So ist mein Fahrrad verkehrssicher
72 Mit dem Rad fahren – Was muss ich wissen?
73 Mit dem Rad fahren – Was muss ich können?
74 Sicherheit geht vor
75 Fahrpläne lesen
76 Freizeit im Heimatort oder im Heimatkreis verbringen

77 **Früher und heute**
78 Spuren finden und bewahren
80 Waschen, kochen, heizen – früher und heute
82 Arbeit in der Landwirtschaft – früher und heute
84 Alte und neue Schulgeschichten
86 Historische Quellen erforschen

87 **Im Frühling**
88 Die Wohnungen in der Wiese
89 Bewohner der Wiese
90 Wiesenpflanzen mit Tiernamen
91 Wiesenpflanzen betrachten und zeichnen
92 Mit dem Bestimmungsbuch arbeiten – ein Herbar anlegen

93 **Der Natur auf der Spur**
94 Wasser überall
95 Wasser verwandelt sich
96 Der Kreislauf des Wassers
98 Ist eine leere Flasche wirklich leer?
99 Warum können Störche segeln?
100 Die Aufgaben des Bodens
102 Brennen und löschen
103 Es brennt – die Feuerwehr hilft
104 Einen Experten befragen

105 **Wusstest du schon …**
106 Die Magdeburger Halbkugeln
107 Verborgene Schätze
108 Die erste Frau mit Doktortitel
109 Pflanzen brauchen Nährsalze
110 Recherche im Internet

111 **Von Pflanzen, Tieren und Menschen**
112 Was Pflanzen zum Leben brauchen
114 Haustiere miteinander vergleichen
116 Pflanzen und Tiere auf der Roten Liste
117 Wir schützen Pflanzen und Tiere
118 Alles hängt zusammen – aber wie?
120 Einen Vortrag vorbereiten

121 **Im Sommer**
122 Jedes Jahr im Sommer
124 Im Sommer reift das Korn
126 Tiere im Getreidefeld
127 Ein Beobachtungsheft anfertigen

128 **Bildquellen**

Umschlagseite: Landeskarte Sachsen-Anhalt

In der Schule

Wie sollen wir unser Zusammenleben in der Schule gestalten?
Wie sage ich meine Meinung?
Wie lernen Kinder in anderen Ländern?

Wir sind füreinander verantwortlich

Die Schule hat wieder begonnen. Für dich ist das nichts Besonderes, denn in der dritten Klasse weiß jeder Bescheid: alter oder neuer Klassenraum, neue Bücher, vielleicht ein neues Gesicht.
Aber wie werden sich die Kinder der ersten Klasse fühlen?
Erinnerst du dich noch an deine ersten Schulerlebnisse?

1 Erzähle:
- Worauf hast du dich zu Schulbeginn gefreut?
- Hast du dich auch vor etwas gefürchtet?
- Hast du in der Klasse neue Freundinnen oder Freunde gefunden?
- Wie haben dir die „Großen" in der Schule geholfen?

★ Plant gemeinsam, was ihr für die „Kleinen" und Neuen tun könnt.

Das Schulhaus zeigen

- Zeige und erkläre
  - Räume, die alle kennen sollten,
  - gute Plätze zum Spielen,
  - wie man schnell zum Ausgang findet.
- Stelle Menschen vor, die hier arbeiten.

2 Erkläre die Regeln, die in eurer Schule gelten.

S. 3

Fremde Länder – fremde Kinder?

Neulich auf dem Sportplatz der Schule …

1 Berichte, was Pablo auf dem Sportplatz widerfährt.
Vermute, warum die Jungen ihn so behandeln.

Am nächsten Tag in der Schule …

2 Beratet darüber, was die Klasse besprochen haben könnte.

★ Spielt die Situation nach. Wie fühlt ihr euch als Pablo?
Wie fühlt ihr euch in der Rolle der anderen Jungen?

Einige Wochen später findet in Pablos Klasse eine Projektwoche statt.
Das Thema heißt „Fremde Länder".
Pablo erzählt von Spanien und hat dazu gemalt. Er gibt auch Rätsel auf.
Das sind Beispiele aus seinem Vortrag:

Spanien ist fast überall von Wasser umgeben. Auf der einen Seite des Landes liegt der Atlantische Ozean, auf der anderen Seite das Mittelmeer.
Eine bekannte spanische Insel im Mittelmeer heißt M...

Im Garten meiner Großeltern in Spanien stehen viele Obstbäume mit O..., Zitr... und Pfirsichen.
Im Sommer fliege ich mit meinen Eltern hin und helfe bei der Ernte. Das macht viel Spaß.

Alle Spanier lieben Fußball. Und fast jeder kleine Junge möchte am liebsten ein berühmter Stürmer werden.
Mein Lieblingsverein heißt „Real M..."
Er ist aus der Hauptstadt.

In Spanien ist es meist sehr warm. Deshalb machen viele Menschen jeden Tag eine lange Mittagspause, die nennt man S... Dann schließen alle Geschäfte, und in dieser Zeit ist auch kein Unterricht.

3 Die Jungen und Mädchen finden Pablos Bericht interessant.
Nur Lisa meint, dass es in Spanien gar nicht so viel anders ist als in Deutschland.
Was denkst du?

Trau dich „Nein“ zu sagen

Manchmal musst du Dinge erledigen, die du eigentlich nicht so toll findest, zum Beispiel Aufräumen oder Hausaufgaben machen. Trotzdem musst du solche Aufgaben erfüllen, damit du in der Schule und zu Hause mit anderen gut zusammenleben kannst.

Ganz anders ist das mit deinem Körper.
Hier entscheidest du selbst, was gut für dich ist, was du magst und was du nicht magst. Jeder sollte sich bei seinem Tun auch wohlfühlen und darauf achten, dass der eigene Körper gesund bleibt.

Werden dir Zigaretten, Alkohol und andere Drogen angeboten, sage „Nein“. Denn diese Stoffe schädigen den Körper. Und wer erst einmal damit angefangen hat, kommt oft nicht mehr ohne diese Stoffe aus. Er wird süchtig oder sogar krank.

1 Betrachtet die Bilder auf den Seiten 10 und 11. Diskutiert in der Klasse, wie sich die Kinder fühlen.

2 Spiele eine Situation mit einem anderen Kind nach.

AH S.3

Es kann ebenso vorkommen, dass du deinen Körper vor anderen Menschen schützen musst.

Ist es dir unangenehm, wenn dich eine Person berühren, umarmen oder küssen will, sage laut und deutlich „Nein“. Das kannst du auch behutsam und freundlich sagen, damit das „Nein“ den anderen nicht verletzt.

„Nein“ zu sagen ist manchmal gar nicht so leicht. Aber wenn du dich erst ein paar Mal getraut hast, wird es immer einfacher.

Erlebst du beängstigende oder „komische“ Dinge, dann erzähle sie Erwachsenen. Du kannst dir Hilfe bei einem Menschen holen, dem du vertraust.

3 Lies die Texte auf den Seiten 10 und 11. Notiere Stichpunkte und berichte, was die Texte aussagen.

★ Informiere dich im Internet über das Kinder- und Jugendtelefon (Nummer gegen Kummer).

Der Klassenrat tagt

Jede Woche könnt ihr Wünsche, Beschwerden und Lob in einem Briefkasten sammeln oder an der Pinnwand veröffentlichen.

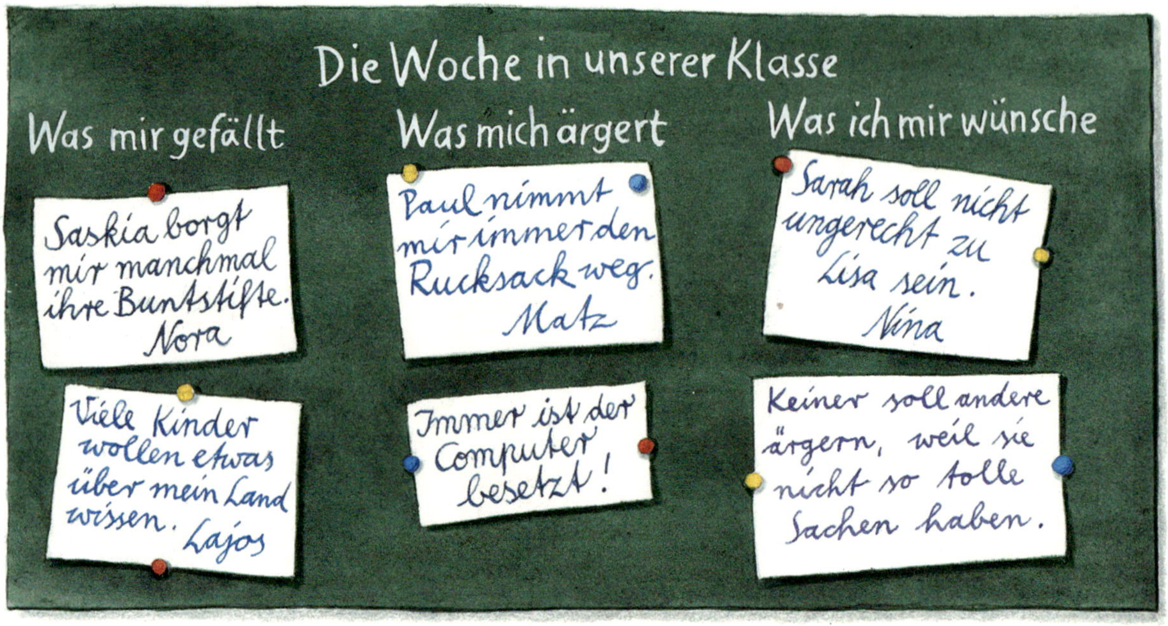

Am Ende der Woche tagt der Klassenrat.
Zuerst wird festgelegt:

- Was wollen wir beraten? → Thema
- Wer soll das Gespräch leiten? → Leitung
- Wie lange wollen wir beraten? → Zeit
- Wer notiert die Beratungspunkte an der Tafel? → Tafelnotiz
- Wer schreibt zu den Ergebnissen der Beratung ein Protokoll? → Protokoll

Jeder kann seine Meinung sagen.
Am besten geht es mit der Fünf-Finger-Methode.

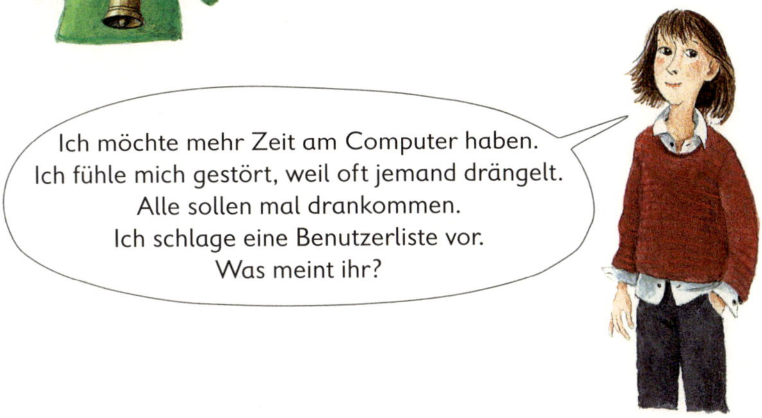

Ein Gespräch leiten

- Bitte die Kinder um Wortmeldungen.
- Notiere die Namen der Kinder in der Reihenfolge, wie sie sich melden.
- Gib einem nach dem anderen das Wort.
- Achte darauf, dass nicht mehrere zugleich reden.
- Mit einer kleinen Glocke kannst du um Ruhe bitten.

Viele Kinder melden sich daraufhin zu Wort.

So kann das Ergebnisprotokoll aussehen:

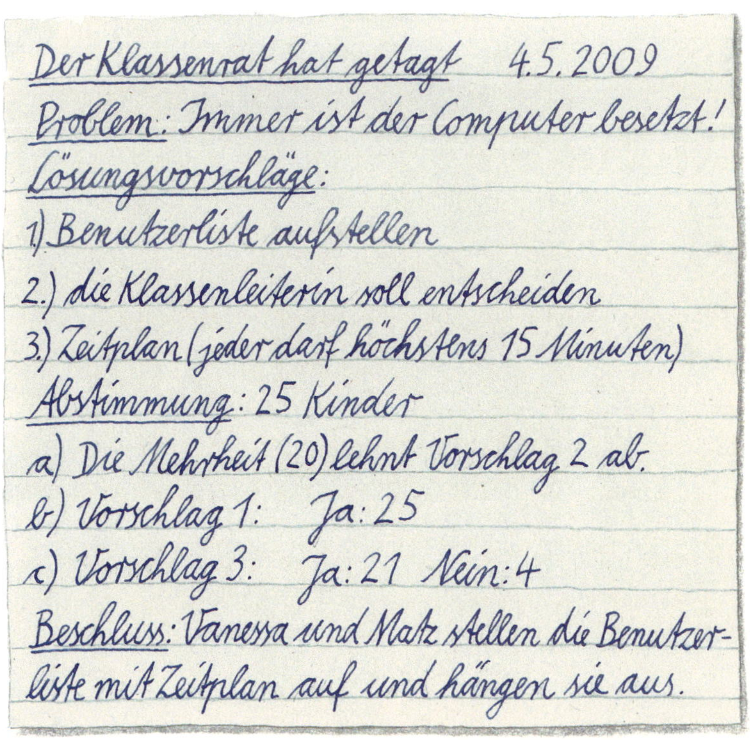
Der Klassenrat hat getagt 4.5.2009
Problem: Immer ist der Computer besetzt!
Lösungsvorschläge:
1) Benutzerliste aufstellen
2.) die Klassenleiterin soll entscheiden
3.) Zeitplan (jeder darf höchstens 15 Minuten)
Abstimmung: 25 Kinder
a) Die Mehrheit (20) lehnt Vorschlag 2 ab.
b) Vorschlag 1: Ja: 25
c) Vorschlag 3: Ja: 21 Nein: 4
Beschluss: Vanessa und Matz stellen die Benutzerliste mit Zeitplan auf und hängen sie aus.

Ein Ergebnisprotokoll schreiben:

- Notiere das Problem.
- Schreibe alle Lösungsvorschläge auf.
- Notiere das Ergebnis eurer Abstimmung.
- Schreibe auf, was ihr beschlossen habt.
  – Wer ist verantwortlich?
  – Bis wann?
- Das Ergebnisprotokoll hängst du aus.

Schule anderswo

Australien: Meine Schule ist 1000 km von unserer Farm entfernt. Deshalb lerne ich zu Hause. Mutti hilft mir dabei. Täglich spreche ich über ein „two-way radio“ (Funk) eine halbe Stunde mit meiner Lehrerin. Sie schickt mir in einer E-Mail Aufgaben, die ich löse und ihr dann zurücksende. Meine Mitschüler, die auch so lernen, treffe ich nur ab und zu in der Schule bei unseren Familientreffen.

Emily

China: Bei uns beginnt die Schule mit Frühsport. Alle machen die Übungen mit. Dann sind wir fit für den Unterricht.
In meiner Klasse sind 52 Kinder.
Unser Schultag dauert von 7.30 Uhr bis 16.00 Uhr, mittags sind zwei Stunden Pause. Es ist ziemlich schwer, chinesisch zu schreiben. Wir haben mehr als 50 000 Schriftzeichen. Das Wort „Schule“ besteht aus 2 Zeichen.

Yan-Yin

USA: Bei uns dauert die Grundschulzeit 6 Jahre. Ich bin jetzt sieben und in der 3. Klasse. In meiner Klasse sind 25 Kinder. Ich mag besonders Mathematik und Sport, da habe ich ein **A**, das ist: sehr gut. **B** bedeutet: gut … und so weiter, **F** heißt: nicht bestanden.
Mein Lieblingssport ist Baseball.
In unserer Schulmannschaft bin ich Schlagmann und Läufer.

Michael

1 Betrachte die Bilder. Lies die Texte. Vergleiche mit deiner Schule.

★ Suche die Länder im Atlas.

Hallo, mein Name ist Jack. Ich bin 7 Jahre alt. Ich wohne in London. Das ist die Hauptstadt von Großbritannien.
Ich bin mit 5 Jahren in die Schule gekommen und gehe jetzt in die 3. Klasse.
Hier seht ihr meinen Stundenplan:

in Englisch

Time	Monday	Tuesday	Wednesday	Thursday	Friday
9.05-9.30	Mental Maths	Mental Maths	Mental Maths	ICT	Assembly
9.30-10.15	Maths	Maths	Maths	Mental Maths	Maths

in Deutsch

Uhrzeit	Montag	Dienstag	Mittwoch	Donnerstag	Freitag
9.05-9.30	Kopfrechnen	Kopfrechnen	Kopfrechnen	Informatik	Versammlung
9.30-10.15	Mathe	Mathe	Mathe	Kopfrechnen	Mathe
10.15-10.45	Versammlung	Versammlung	Versammlung	Versammlung	Mathe
10.45-11.00	Pause				
11.00-12.00	Englisch	Englisch	Deutsch	Englisch	Deutsch
12.00-12.30	Bücherkiste	Rechtschreibung	Kreisgespräch	Schreiben	Handschrift
12.30-13.30	Mittagessen				
13.30-14.30	Informatik	Geschichte	Kunst	Lesen	Sachunterricht
14.30-15.15	Sachunterricht	Sport	Musik	GE*	Sport

*GE bedeutet Gesundheitserziehung.

Wir sind 33 Kinder in der Klasse.
Mein Lieblingsfach ist Geschichte.
Versammlungen gibt es in der Schule und in der Klasse.
Zur Schulversammlung treffen sich regelmäßig alle Kinder. Wir singen, beten oder hören Geschichten.
In der Klasse besprechen wir alle wichtigen Dinge des Schultages, zum Beispiel den Streit von Jessica und Charlie oder das Klassenfest nächste Woche.

2 Betrachte den Stundenplan.
Finde Gemeinsamkeiten und Unterschiede zu deinem Schultag.

★ Informiere dich über die Schule in einem weiteren Land. Berichte.

Eine Meinung äußern

Was haltet ihr davon, Sprachen zu lernen?

Du hast das Recht, deine Meinung frei zu äußern. Oft sagst du dann: „Ich meine …“, „Ich denke …“, „Ich finde …“, „Meiner Meinung nach …“. Manchmal änderst du auch deine Meinung: zum Beispiel, wenn dich Meinungen von anderen zum Nachdenken bringen oder wenn du Neues aus dem Fernsehen oder der Zeitung erfährst.

1 Bei einem Meinungsstreit solltest du Regeln beachten. Ergänze noch:

- Äußere deine Meinung kurz und für andere verständlich.
- Begründe deine Meinung, zum Beispiel mit einem Weil-Satz.
- Kränke oder verletze andere nicht mit deinen Äußerungen.
- Höre anderen genau zu. Prüfe die Meinung anderer kritisch.
- …

Aus der Vereinbarung der UNO über die Rechte der Kinder:
Jedes Kind, das fähig ist, sich eine eigene Meinung zu bilden, hat das Recht, seine Meinung frei zu äußern. Nach Alter und Reife des Kindes sollte seine Meinung berücksichtigt werden.

Im Herbst

Wie verändern sich im Herbst die Pflanzen, die Tiere und das Wetter?
Warum wird es im Herbst jeden Tag eher dunkel?
Wie werden im Schulgarten Kartoffeln angebaut und geerntet?

Ein Park im Herbst

Im Lebensraum Park leben viele verschiedene Pflanzen und Tiere zusammen. Besucher des Parks erfreuen sich an der schönen, vielfältigen Natur. Wenn sich die Laubblätter der Bäume färben, ist der Herbst da.

Warum färben sich die Blätter und fallen ab?
Im Sommer nehmen die Blätter der Laubbäume viel Licht auf. Das geht nicht ohne Blattgrün – einen grünen Farbstoff in ihren Blättern. Mit Licht, Luft und Wasser können die Bäume nun Nährstoffe bilden und wachsen.
Im Herbst stellen sich die Bäume auf ihre Winterruhe ein. Sie entziehen ihren Blättern das wichtige Blattgrün und speichern seine Bausteine in Ästen und Stämmen. Für kurze Zeit sind in den Blättern nun andere Farbstoffe sichtbar – erst Rot, dann Gelb.
Die Blätter färben sich bunt. Schon ab August bildet sich am unteren Rand jedes Blattstieles auch eine Trennschicht aus Kork.
Sie verschließt die Zweige. Ein Windstoß nur, und die Blätter fallen ab.

Was plumpst da von Bäumen und Sträuchern?
Im Sommer bilden sich an den Kastanienbäumen stachlige Kugeln. In jeder Kugel wachsen 1 bis 2 Samen heran. Die Hüllen platzen auf und fallen zu Boden. Beim Aufprall rollen die glänzenden braunen Samen oft aus den Stachelhüllen. Eicheln purzeln vom Baum. Und der Wind weht die ölhaltigen Haselnüsse vom Haselstrauch.

1 Erzähle, woran du den Herbst erkennst.
Wie klingt es, wenn die verschiedenen Früchte herabfallen?

Wie die Pflanzen stellen sich auch die Tiere im Herbst auf den Winter ein.
Jedes Tier bereitet sich auf seine Weise vor.

Sich an Signalwörtern orientieren

- Lies die Signalwörter. Sie sind fett gedruckt.
- Schreibe dazu wichtige Aussagen auf.
- Notiere selbst Signalwörter.

Eichhörnchen
Im Herbst sucht das Eichhörnchen im Park Nüsse, Eicheln und Bucheckern. Eifrig springt es umher, um die Früchte zu sammeln und als **Wintervorrat** unter Laub oder im Erdboden zu verstecken.
Im Winter ruht das Tier in seinem Kobel. Es wird nur manchmal wach, um auf **Nahrungssuche** zu flitzen. Ob es die Früchte und Samen wiederfindet?

Igel
Im Sommer und im Herbst frisst sich der Igel einen dicken **Winterspeck** an. Er sucht Regenwürmer, Schnecken, Käfer und Spinnen. Spätestens im November zieht er sich in sein frostsicheres **Winterquartier** zurück und fällt bis in den April hinein in einen langen Winterschlaf.

Wespe
Das Leben einer Wespe ist kurz, denn sie lebt nur einen Sommer. Beim ersten Frost im Herbst stirbt sie. Nur **Jungköniginnen** überwintern in frostsicheren, engen Ritzen. Ab Mitte April sind Wespen wieder bei der Nest- und Nahrungssuche zu beobachten.

Grasmücke
Der winzige Singvogel, mit 13 cm Länge gerade so groß wie eine Computermaus, fliegt im Herbst einen 10 000 km langen Flugmarathon nach Süden bis in sein **Winterquartier** in Afrika. Dafür braucht die kleine Grasmücke viel Kraft. Sie frisst Insekten, Larven, Spinnen und Schnecken, aber auch Beeren und Früchte. Erst im Mai kehrt der Zugvogel zurück.

2 Halte einen Vortrag über Tiere im Herbst.
Nutze dazu Signalwörter.

Tagbogen in den Jahreszeiten

Die Sonne beschreibt am Himmel jeden Tag aufs Neue scheinbar einen Bogen, das nennt man Tagbogen der Sonne.
Tatsächlich bewegt sich die Erde um sich selbst – einmal in 24 Stunden. Dabei erreichen die Sonnenstrahlen nach und nach immer einen Teil der Erde. Dort ist Tag. Wo die Strahlen nicht hinkommen, ist Nacht.

1 Stellt mit Globus und Taschenlampe dar, wie das Licht um die Erde wandert.

Im Herbst siehst und spürst du: Morgens wird es später hell, abends früher dunkel. Die Sonne wärmt weniger. Nachts ist es kühler. Aber weshalb?

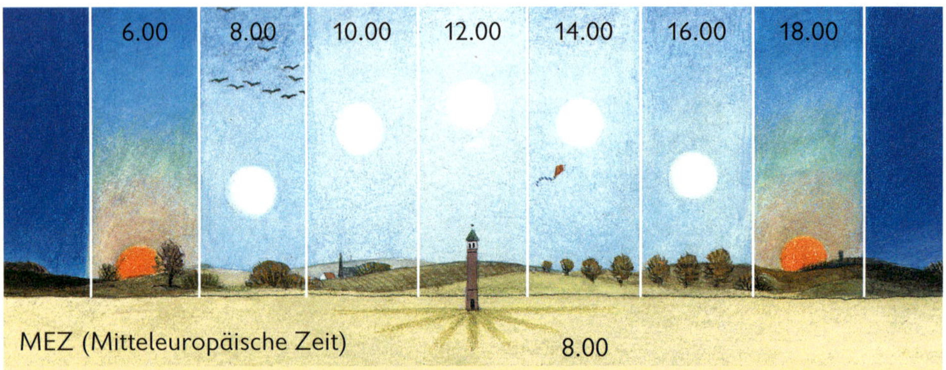

Der Herbst beginnt am 23. September, Tag und Nacht sind gleich lang. Die Tage werden kürzer, die Nächte länger. Die Sonne steht mittags jeden Tag tiefer am Himmel. Ihre Strahlen treffen Tag für Tag schräger auf die Erde. Land und Ozeane kühlen ab.

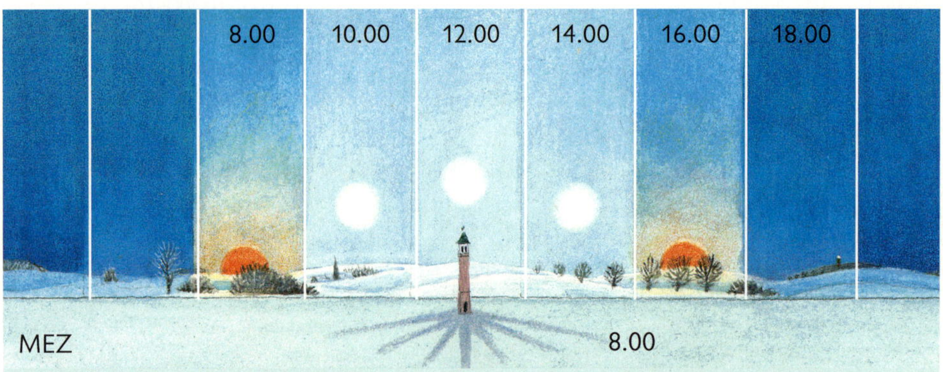

Der Winter fängt am 21. Dezember an. Es ist der kürzeste Tag und die längste Nacht. Nach diesem Tag, der Wintersonnenwende, werden die Tage wieder länger. Sie sind aber noch kürzer als die Nächte. Die Sonne steht mittags Tag für Tag etwas höher, sie wärmt noch wenig. Land und Ozeane bleiben kühl.

Schau nach der Sonne: Im Süden nimmt sie ihren Lauf.

Im Osten geht die Sonne auf.

Im Westen wird sie untergehn.

Im Norden ist sie nie zu sehn.

Grafische Bilder vergleichen

- Betrachtet alle Bilder der Tagbögen.
- Vergleicht die Tagbögen. Findet Gemeinsamkeiten und Unterschiede.
- Sucht Informationen: Wie lange scheint die Sonne? Wann steht sie am höchsten? …

Himmelsrichtungen: Norden (N), Süden (S), Westen (W), Osten (O).

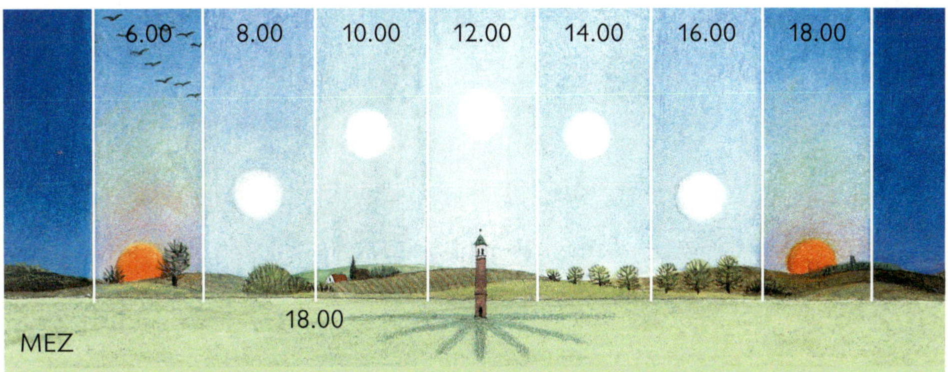

Der Frühling beginnt am 21. März, Tag und Nacht sind wieder gleich lang. Nun werden die Nächte wieder kürzer, die Tage länger. Die Sonne steht mittags jeden Tag höher, ihre Strahlen treffen steiler auf die Erde. Langsam erwärmen sich Boden und Ozeane.

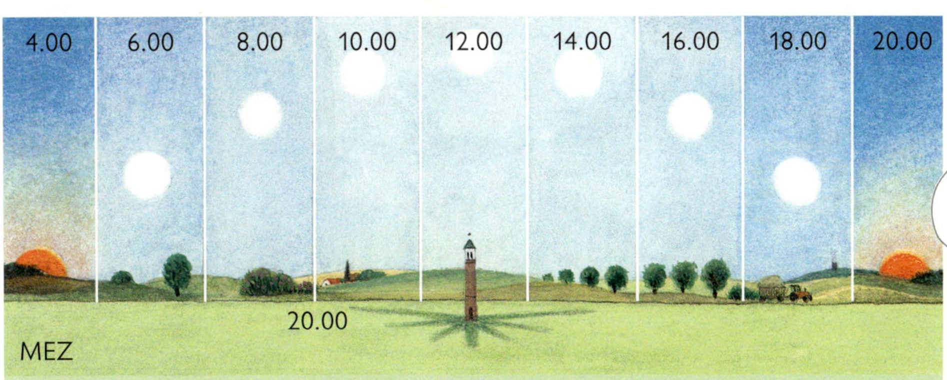

Der Sommer fängt am 21. Juni an. An diesem Tag scheint die Sonne am längsten, die Nacht ist am kürzesten. Nach diesem Tag, der Sommersonnenwende, werden die Tage wieder kürzer und die Nächte länger. Da die Sonne täglich etwas weniger hoch steht, bringt sie noch viel Wärme. Land und Ozeane kühlen nur langsam ab.

Im Herbst wird es kälter …

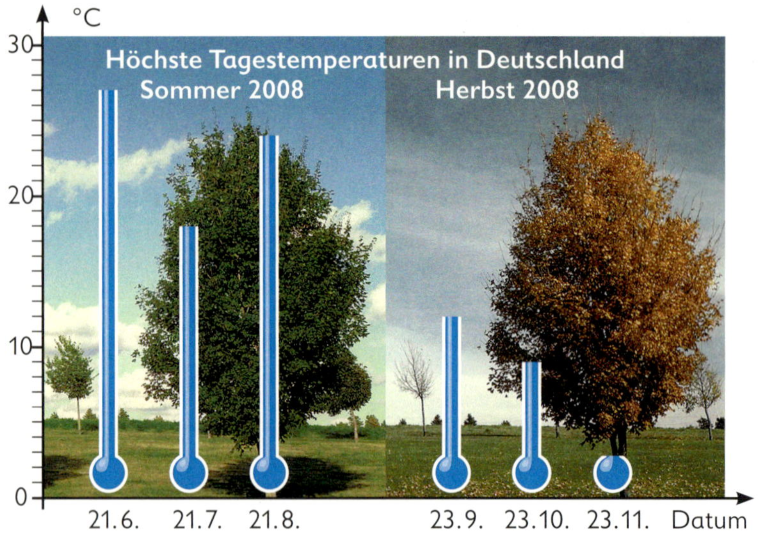

Säulendiagramm lesen

- Betrachte die Bilder.
- Lies die Texte.
  Was zeigen die Pfeile?
- Werte jede Säule aus:
  Nenne Datum, Monat, Jahreszeit und Temperatur.
- Vergleiche Sommer 2008 und Herbst 2008.

Luft kann sich erwärmen und abkühlen. Deshalb steigt oder sinkt die Lufttemperatur. In Deutschland werden Lufttemperaturen täglich in fast 2 600 Wetterstationen gemessen. Alle Werte werden in Tabellen geschrieben und in Diagrammen dargestellt. Nun kann man genau vergleichen: Welche Temperatur wurde zu welcher Zeit und an welchem Ort gemessen?

Der Schwede Anders Celsius konstruierte 1742 ein Thermometer mit einer Gradeinteilung (Skala). Die Skala wurde später nach ihm benannt. Heute bezeichnet man:
- den Punkt, wo Wasser zu Eis wird, als 0 Grad,
- den Punkt, wo Wasser siedet, als 100 Grad.

1 Was stellt das Säulendiagramm oben dar?

2 Das Diagramm zeigt: Die Lufttemperaturen sinken im Herbst weiter ab.
Versuche zu begründen. Lies noch einmal auf Seite 14 nach.

Temperaturen im Herbst vergleichen

- Messt dazu Temperaturen stets zur gleichen Zeit oder entnehmt sie dem Wetterbericht aus einer Zeitung, aus dem Fernsehen, dem Rundfunk oder …

Füllt eine solche Tabelle aus:
Gebt die Temperaturen in Grad Celsius (°C) an.

Datum	Temperatur
15.9.	18 °C
23.9.	14 °C
23.10.	13 °C
23.11.	9 °C

Die Flüssigkeit im Glasröhrchen steigt/sinkt je nach Temperatur.

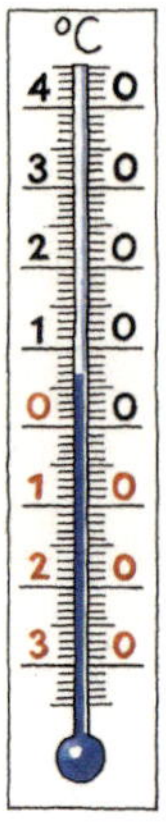

… und windiger

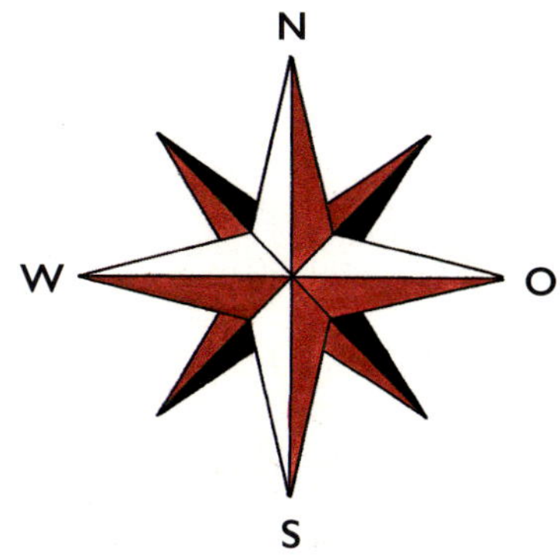

Die Windrose gibt Windrichtungen an: Nord (N), Ost (O), Süd (S), West (W).

Im Herbst lässt oft ein kräftiger Wind Blätter tanzen und Bäume rauschen. Er jagt Wolken oder peitscht den Regen. Mal spüren wir Wind als laues Lüftchen, mal hören wir ihn als heulenden Sturm. Manchmal ist es windstill. Wind ist eine Luftbewegung in eine bestimmte Richtung.
Warum bewegt sich Luft? Wenn zum Beispiel die Sonne in einem Gebiet die Luft erwärmt, steigt dort die warme Luft auf. Ist es dann in Gebieten daneben bewölkt und die Luft dort kühl, sinkt sie zu Boden. Die kühlen Luftmassen strömen dann am Boden dorthin, wo warme Luft aufgestiegen ist.

Windrichtungen: Woher weht der Wind und wohin weht er?

von West nach Ost

von Ost nach West

von Süd nach Nord

von Nord nach Süd

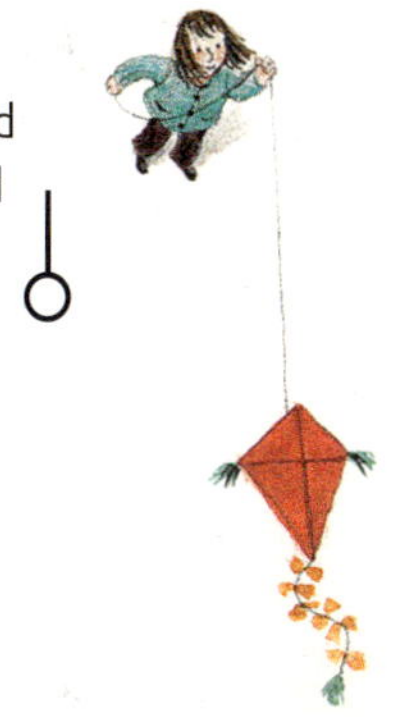

Der englische Seefahrer Francis Beaufort legte 1806 eine Windskala mit 12 Windstärken an.			
Bezeichnung	Windgeschwindigkeit	Auswirkung im Inland	Auswirkung auf See
Windstärke 5 frische Brise	29–38 Kilometer pro Stunde	kleine Bäume schwanken	mäßig lange Wellen mit Schaumkämmen

Solche Symbole für Windstärken und Windrichtungen verwenden wir heute.

0 windstill
Rauch steigt steil empor, Blätter bewegen sich nicht.

3 schwacher Wind
Blätter und dünne Zweige bewegen sich leicht.

4 mäßiger Wind
Blätter und Äste bewegen sich, Staub wirbelt auf.

6 starker Wind
Bäume bewegen sich, Blätter, Dinge wirbeln hoch.

9 Sturm
Äste brechen, Ziegel fallen von den Dächern.

Wer in Wolken „lesen“ kann, weiß, wann Regen kommt

Wolken sind Gebilde aus winzigen Wassertröpfchen oder aus Eis. Der Herbst bringt viele Wolken von den Ozeanen zu uns. Täglich sind andere Wolken zu sehen. Ihre Formen und Farben verwandeln sich ständig – mal sind es graue Berge, mal weiße Schleier. Wolken sind Wetterboten.

Federwolken aus Eis stehen hoch am Himmel. Sie sehen wie Schleier oder Flecken aus. Oft kündigen sie schlechtes Wetter an. Sind sie zerfasert, dann herrscht heftiger Wind.

Schichtwolken aus Eis und Wassertröpfchen stehen mittelhoch am Himmel. Sie bringen viel Niederschlag. Scheint die Sonne durch sie hindurch, sieht diese aus wie eine Scheibe.

Weiße Haufenwolken zeigen: Schon früh schien die Sonne. Erwärmte Luft stieg auf und kühlte dabei ab. Bei hoher Luftfeuchtigkeit bildeten sich Tröpfchen – Schönwetterwolken.

Regenwolken breiten sich als mächtige dunkle Wolken aus. Sie bringen Niederschläge. Eine drohende schwarze Wolkenwand warnt: Es kann heftige Windböen geben, und es kann hageln.

Symbole für die Bewölkung

○ wolkenlos	◔ heiter	◑ wolkig	◕ stark bewölkt	● bedeckt
Der Himmel ist blau oder sternenklar.	Nur wenige Wolken sind zu sehen.	Wolken und klarer Himmel sind etwa gleich verteilt.	Wolken bedecken fast den gesamten Himmel.	Wolken bedecken den Himmel vollständig.

Über Bewölkung informieren; Symbole beschreiben

In den Wolken fliegen winzige Wassertröpfchen ständig hin und her. Sie stoßen zusammen und bilden mit anderen Tröpfchen oder Eis schwerere Tropfen oder Eiskristalle. Dann fallen sie nach unten. Werden sie dabei noch schwerer, fallen sie aus der Wolke. Wenn dann die Lufttemperatur unter der Wolke über 0 °C liegt, fällt Regen auf die Erde. Liegt die Temperatur unter der Wolke unter 0 °C, dann fällt Schnee. Schneeflocken bestehen aus Eiskristallen.

Regen

Eine Gewitterwolke quillt schnell zu einem riesigen Turm auf. In ihr jagen orkanartig Winde auf und ab. Sie tragen Wassertröpfchen mit sich. Diese vereisen hoch in der Wolke und fallen als Eiskörnchen wieder herab. Immer mehr Tröpfchen kleben an, die Eiskörner werden größer und schwerer. Von Blitz und Donner begleitet, stürzt dann in großen Tropfen heftiger Regen herab, oft auch Hagel. Hagelkörner aus Eis können so groß werden wie Murmeln, Taubeneier oder sogar Tennisbälle.

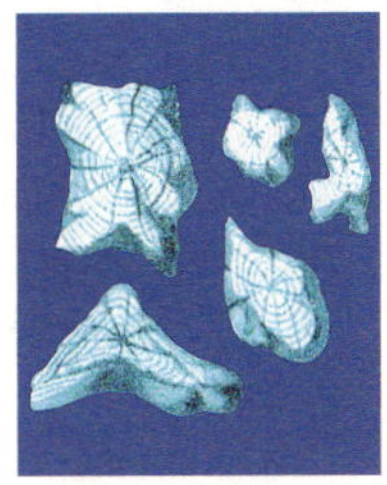
Hagelkörner

Eiskristall

Wenn im Herbst tagsüber die Luft trocken ist und nachts stark abkühlt, dann sind Pflanzen und Autos morgens oft mit Wassertröpfchen bedeckt. Das ist Tau. Fällt die Temperatur nachts aber unter 0 °C, kann alles mit kleinen Eiskristallen überzogen sein. Das ist Reif. Gibt es morgens Tau oder Reif, ist die Luft trocken. Meist folgt dann ein sonniger Tag.

Tau

Nebel ist eine Wolke, die am Boden liegt. Unzählige feine Wassertröpfchen bilden dort einen dichten Schleier.

Reif

Regen, Schnee, Tau, Reif und Hagel sind Niederschläge.
Gewitter und Nebel sind Wettererscheinungen.

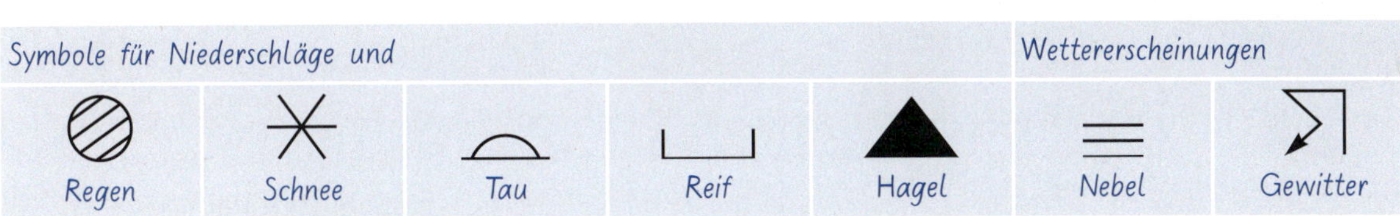

Das Wetter beobachten und vorhersagen

Früher schrieben vor allem Bauern und Seeleute Wetterbeobachtungen auf. Beobachtungen, die über Jahre ähnlich waren, dienten als Wettervorhersagen. Sie sind als Wetter- oder Bauernregeln bekannt. Oft trafen sie zu, oft aber auch nicht.
Heute kann das Wetter mit einiger Sicherheit für etwa drei Tage vorausgesagt werden.
Für Wetterbeobachtungen könnt ihr Hilfsmittel nutzen:

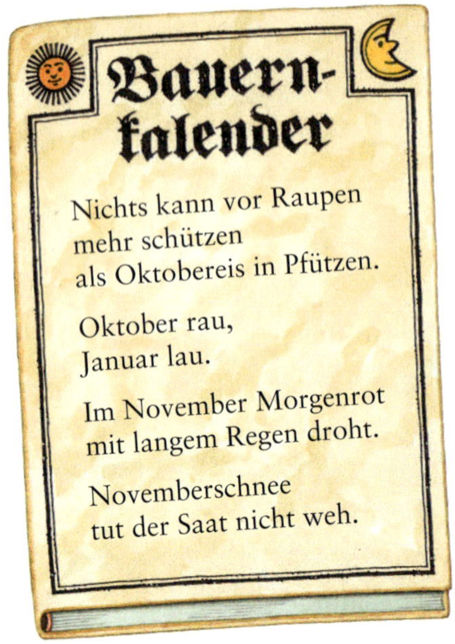

So könnt ihr damit Wetterbeobachtungen durchführen:

Das Wetter beobachten

- Beobachtet und misst im Freien täglich zur gleichen Zeit: Temperatur im Schatten (in etwa 1 m Höhe), Bewölkung, Wind, Niederschlag, Sonnenaufgang, Sonnenuntergang.
- Seht morgens nach, ob Tau oder Reif liegt.
- Schreibt die Ergebnisse in eine Tabelle.

Wetterbeobachtungen mit Hilfe von Materialien und Geräten;
Messergebnisse prüfen

Wettertabelle im Herbst					
Datum	10.10.	11.10.	12.10.	13.10.	14.10.
Uhrzeit	12.00	12.00	12.00	12.00	12.00
Temperatur in °C	11	13	12	5	4
Bewölkung	●	◑	◔	○	○
Niederschlag	⊘			⌓	⌓
Windstärke Windrichtung	○—	○	○	○	○
Sonnenaufgang	7.36	7.38	7.40	7.42	7.44
Sonnenuntergang	18.41	18.39	18.37	18.35	18.33

Eine Wettertabelle führen

- Richte die Tabelle für 5 Tage ein. Beschrifte den Tabellenkopf: Überschrift, Datum, Uhrzeit. Fülle die erste Spalte aus.
- Lege eine Übersicht mit Wettersymbolen bereit.
- Trage deine Beobachtungen täglich ein.

1 Führe eine solche Tabelle in jeder Jahreszeit. Beschreibe das Wetter. Vergleiche deine Beobachtungen mit Wetterberichten für eure Region.

Das Wetter auf der Erde wird vor allem von der Sonne, der Luft und dem Wasser beeinflusst. Wissenschaftler aus aller Welt, die das Wetter beobachten und auswerten (Meteorologen), tragen dazu Informationen zusammen. Sie nutzen dafür moderne Technik.

Satelliten senden vom Weltraum Bilder, die Wolkenbewegungen über allen Erdteilen zeigen.

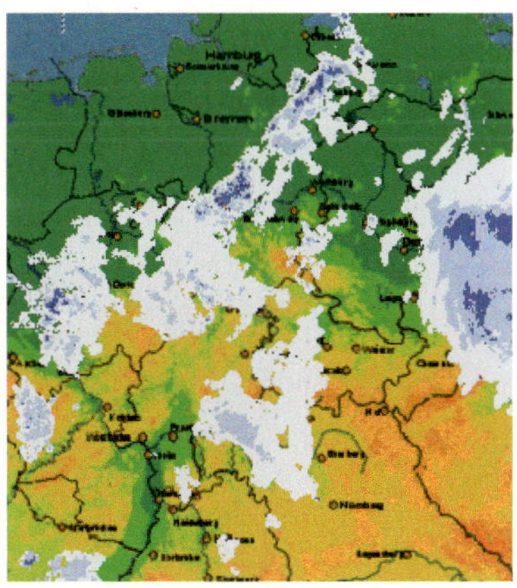
Radarbilder zeigen die Menge von Niederschlägen in einem bestimmten Gebiet.

In vielen Wetterstationen wird weltweit gleichzeitig das aktuelle Wetter beobachtet und gemessen.

Aus allen Informationen ermitteln Computer, wie sich das Wetter entwickeln kann. Du kannst den Wetterbericht für deinen Ort in Zeitungen, im Fernsehen, im Internet … nachlesen.

Eine Wettertabelle ausfüllen;
erfahren, wie Wettervorhersagen entstehen

S. 4, S. 5

Warme Herbsttage – Altweibersommer

Zwischen Mitte September und Anfang Oktober steigt an sonnigen Tagen die Temperatur oft noch auf über 20 °C an.
Die Nächte sind schon kühl.
In den Spinnweben auf der Wiese und im Wald hängen am Morgen kleine Tautropfen.
Warme, trockene Winde wehen die feinen Fäden durch die Luft.

Über die glitzernden Silberfäden erzählte man in alter Zeit, dass weißhaarige Feen umherwandeln und das Land mit Seide überspinnen.
Im Volksmund heißt diese Zeit deshalb auch Altweibersommer.

Doch es sind Baldachinspinnen, die an warmen Herbsttagen an ihren Spinnweben durch die Luft segeln.

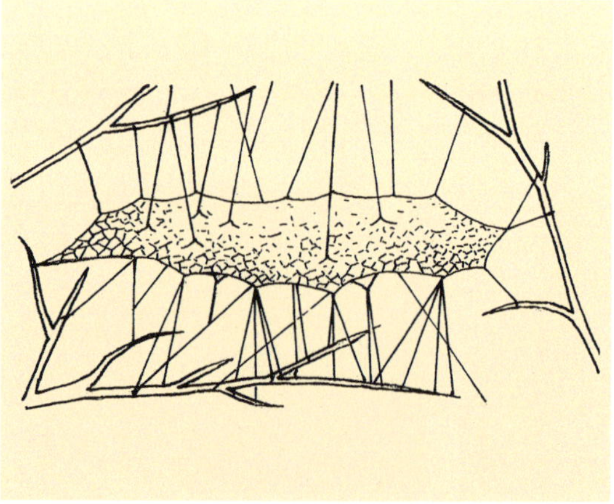

Die Spinne webt zwischen Grashalmen oder Sträuchern ein Raumnetz mit mehreren Ebenen und einem Dach. Das leicht gewölbte Netz sieht aus wie ein Thronhimmel – ein Baldachin.

Die Spinne hängt mit dem Rücken nach unten unter dem Netz. Dort lauert sie, gut geschützt, auf Beute, die sich im oberen Teil des Netzes verfängt.

1 Beobachte Spinnen im Herbst.
Schreibe und male deine Beobachtungen in ein Leporello.

S. 2

Baldachinspinnen als Luftsegler

Die Spinnen leben allein. Nur wenn sich im September Männchen und Weibchen paaren, leben sie für Stunden oder auch Tage in einem Gespinst zusammen. Ein Duftstoff im Netz des Weibchens lockt Männchen an. Das Männchen wirbt um das Weibchen, indem es für uns nicht hörbare Töne aussendet. Dabei nähert es sich dem Weibchen und berührt es mit seinen Tastern. Das kann 5 Stunden dauern.

Nach der Paarung werden die Eier später im Körper des Weibchens befruchtet.

Das Weibchen webt einen Kokon aus weichen Seidenfäden. Es befestigt ihn an Blättern und Zweigen. In den Kokon legt es die Eier ab und beschützt ihn vor Fressfeinden.

Die Jungspinnen überwintern unter Laub und in Ritzen. Im nächsten Jahr wachsen sie heran. Dabei häuten sie sich mehrmals. Im Herbst pflanzen sie sich fort und sterben mit den ersten Frösten. Die Jungspinnen sind Flugsegler. Sie spinnen mit ihrem Hinterleib einen etwa 3 Meter langen Flugfaden.

Je nach Wetter und Temperatur schlüpfen die Jungspinnen nach wenigen Tagen oder einigen Wochen. In einem Kokon können sich hunderte kleine Spinnen befinden.

Mit dem Flugfaden trägt der Wind die Jungspinnen hunderte Kilometer weit. Sogar an sonnigen Wintertagen sind die „segelnden“ Spinnen unterwegs. Sie können mehrere tausend Meter hoch fliegen.

Forscht nach: Wie spinnen die Spinnen ihre Fäden? Ihr könnt dazu ein Spinnennetz zeichnen.

Die Kartoffelpflanze

Im Sommer blüht die Kartoffelpflanze weiß bis hellviolett.

Aus der Blüte entwickelt sich die Frucht, eine grüne, kirschgroße Beere mit vielen Samen. Sie ist giftig.

Aus der Mutterknolle wächst ein Stängel.
Er bildet über der Erde eine Staude mit Laubblättern.
Unterirdisch wachsen am Stängel Ausläufer.
Sie verdicken sich am Ende und bilden neue Knollen.
Die Wurzeln versorgen die Pflanze mit Wasser und Nährstoffen.

1 Beschreibe mit Hilfe der Bilder und Texte die Teile einer Kartoffelpflanze. Informiere dich dazu auch im Internet.

Kartoffeln aus unserem Schulgarten

Kartoffeln, frisch geerntet und verarbeitet, schmecken köstlich und sind nahrhaft. Ihr könnt sie im Schulgarten pflanzen, pflegen und ernten.

Ende März

Stellt Kartoffeln an ein helles Fenster und lasst sie vorkeimen.

Mitte April

Pflanzt die Kartoffeln in Reihen. Beachtet die Abstände.

Mai

Haltet den Boden durch Grubbern locker und krümelig.

Juni

Häufelt die Erde um die Kartoffelpflänzchen herum an.

Juli

Jätet ab und zu Unkraut und schaut nach Schädlingen.

August

Seht öfter nach den Pflanzen. Bald welkt das Kraut.

September

Drei Wochen nach dem Welken könnt ihr die Kartoffeln ernten.

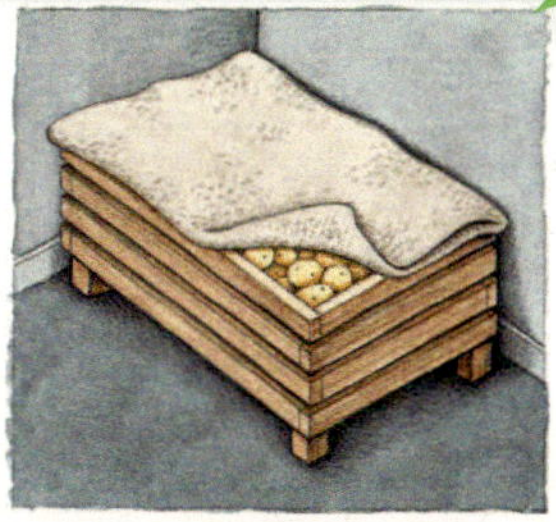

Lagert die Kartoffeln luftig, dunkel, kühl und trocken.

1 Sammelt Fragen rund um die Kartoffel. Legt Kärtchen an. Findet Antworten in Büchern, in Lexika und im Internet. Gestaltet damit die Rückseite eurer Kärtchen.

Wetterberichte auswerten

Wie wird das Wetter? Diese Frage stellen sich nicht nur viele Menschen, die in ihrem Beruf mit dem Wetter zu tun haben, sondern alle, die draußen unterwegs sind. Wer im Winter zu Fuß geht, mit dem Rad oder dem Auto fährt, will zum Beispiel wissen, ob es draußen glatt ist. Landwirte fragen sich im Sommer, ob es trocken bleibt, denn bei der Ernte darf das Getreide nicht nass sein. Wer eine Veranstaltung im Freien besucht, will sich wettergerecht kleiden.

1 Schreibe in eine Tabelle:
Wer braucht Wettervorhersagen? | Begründung

Wettervorhersagen gibt es mehrmals täglich in verschiedenen Medien.

In der Zeitung

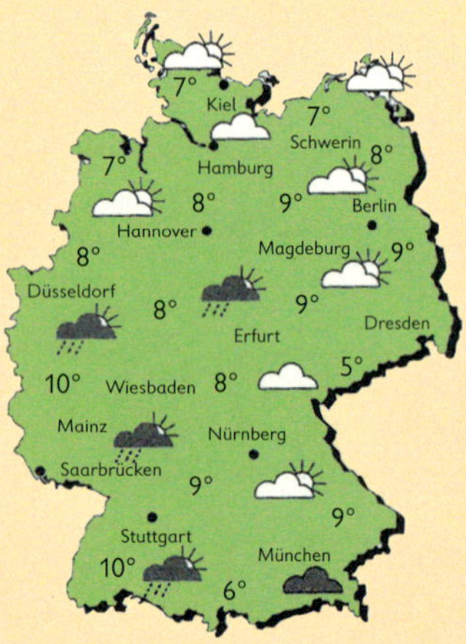

Die Wetterzeichen bedeuten:

zeitweise sonnig, dichtere Wolken

Regenschauer, zeitweise sonnig

stark bewölkt

trocken, einzelne Tropfen

Im Fernsehen

Im Radio

Im Internet

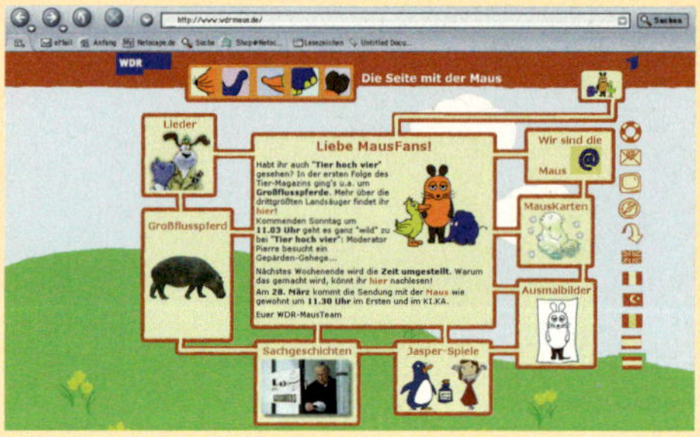

Suchwörter:
Wetter,
Wettersymbol,
Wetter heute,
Wetterbericht

AH S.8
S.2

Miteinander leben

Wie leben Familien hier und anderswo?
Welche Feste feiern Kinder in anderen Ländern?
Wie kann ich ohne Worte sprechen?

Wie Familien leben

Vivian Mutti ist Verkäuferin und Vati arbeitet bei einer Transportfirma. Er ist viel unterwegs. Leider habe ich keine Geschwister, aber ich wünsche mir so sehr einen kleinen Bruder.
In meiner Freizeit spiele ich Fußball im Verein. Ich sehe auch gern fern, am liebsten Fußball mit Papa.
Und ich koche gern. Mit Mutti gehe ich öfter einkaufen. Wir beraten dann, was wir am Wochenende kochen. Am liebsten esse ich Eintopf mit Fleisch, Kartoffeln und Gemüse. Das kann ich schon zubereiten.

Kingsley Mein Papa ist in den USA geboren. Er hat in Deutschland eine gute Arbeit in einer Computerfirma. Als er so alt war wie ich, war er mit seinen Pfadfindern oft zelten. Da hat er kochen gelernt.
Seine Spagetti mit Meatballs und einer süß-scharfen Preiselbeer-Chili-Soße schmecken wirklich toll.
Das Rezept hat er von meiner Oma. Ich nehme es auch mit in die Klasse – dort stellen wir Rezepte aus aller Welt vor. Mein großer Bruder ist jetzt für ein Jahr bei unserer Oma in Amerika, er geht dort zur Schule. In der Freizeit arbeitet er in einem Hospital.

1 Lies, was Vivian oder Kingsley oder Laura (Seite 35) über den Alltag in ihrer Familie berichten. Schreibe auf, wie du dir einen Tag in einer dieser Familien vorstellst.

2 Lest zuerst alle Berichte über Vivians Tag vor und vergleicht sie. Lest dann die Berichte über Kingsleys Tag vor und vergleicht.

3 Lest zuletzt alle Berichte über Lauras Tag vor. Vergleicht wieder eure Berichte.

In der Familie: geborgen sein • Vertrauen haben • Verantwortung übernehmen

Laura Meine Eltern sind geschieden. Ich habe zwei Schwestern, eine große und eine kleine. Wir verstehen uns gut. Wir helfen unserer Mutti auch im Haushalt, denn sie arbeitet im Krankenhaus im Schichtdienst. In den Ferien fahren wir zu unserem Vater nach Kroatien. Er ist jetzt mit Mila, einer Kroatin, verheiratet. Sie wohnen in Zagreb und haben dort ein kleines Imbiss-Restaurant. Mila kocht dort für uns ein kroatisches Sarma, das sind Krautrouladen mit Reis und Fleisch. Das essen wir besonders gern und die Gäste auch.

Jeder Mensch wächst in einer besonderen Kultur auf und lebt in seiner Familie auf besondere Weise. Vivians Eltern sind in Deutschland geboren, Kingsleys Vater stammt aus den USA und Lauras Vater aus Kroatien. In Ländern oder in Gruppen leben die Menschen nach eigenen Bräuchen. Sie sprechen unterschiedliche Sprachen, feiern ihre besonderen Feste, spielen ihre Musik mit eigenen Musikinstrumenten und kochen Speisen nach Rezepten, die sie von den Eltern kennen.

4 Was können Vivian, Kingsley und Laura von ihren Eltern erfahren und lernen?

5 Befragt euch gegenseitig:

Was kann ich von dir erfahren oder kennen lernen?

- Einen schönen Brauch, den du kennst.
- Interessante Wörter aus einer Sprache, die du sprichst.
- Eine leckere Speise, die du magst.
- Ein tolles Fest, das du feierst.
- …

Verständnis haben • Liebe erfahren und geben • Konflikte bewältigen

So leben Kinder anderswo

Materialpaket: Wir informieren uns über ein Land

Fahne		Wie sieht die Fahne aus?
Landkarte	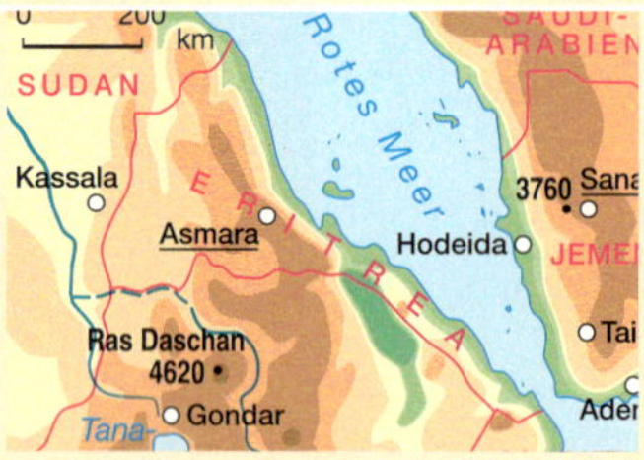	Wo liegt das Land?
Bilder von der Landschaft		Wie sieht die Landschaft aus? Welche Tiere leben dort?
Bilder von Menschen und Tieren		Wie leben und arbeiten die Menschen? Was essen sie?
Bücher über das Land, Internetadressen	Welche Sprache wird gesprochen? Wie sind die Menschen gekleidet? Welche Feste feiern sie? Welchen Schmuck tragen sie? Mit welchen Instrumenten machen sie Musik?	

Ein Materialpaket zusammenstellen

- Findet ein Thema.
- Sammelt Material.
- Gebt Einzelnen, Partnern oder Gruppen Aufträge.
- Legt für die Abgabe einen Termin fest.
- Sortiert gesammeltes Material in Kisten.
- Legt Listen an: Wer hat was mitgebracht?
- Wählt Material aus.
- Gebt geliehene Dinge danach zurück.

★ Findet selbst noch Fragen und sucht nach Antworten.

1 Gestaltet mit dem Material Vorträge oder eine Ausstellung oder eine Wandzeitung.

Diese Kinder leben in Eritrea in Nordostafrika. Bruder und Schwester sammeln Feuerholz. Oft müssen sie beim Suchen lange und beschwerliche Wege gehen. Viele Kinder in Eritrea lernen nicht lesen und nicht schreiben. Sie können keine Schule besuchen, weil sie ihre Familien unterstützen müssen. Sie hüten Vieh, betreuen jüngere Geschwister, holen Wasser, suchen Tierfutter und Brennstoffe oder bereiten das Essen zu.
Die meisten Familien bauen Nahrungsmittel selbst an. Auch bei der Feldarbeit helfen die Kinder. Ihre Arbeitskraft ist oft der einzige Reichtum der Familien.

Damit die Kinder zur Schule gehen können, werden im Land nach und nach Schulen gebaut. In diese Schule kommen Kinder aus den nahen Dörfern.
Sie besuchen die erste bis fünfte Klasse.
Hier wurde ein Brunnen gebaut.
Das ist sehr wichtig, damit die Kinder sauberes Trinkwasser haben und gesund bleiben. Noch gibt es nicht an jeder Schule Trinkwasser.
In Eritrea ist es oft sehr heiß, lange Zeit regnet es kaum. Dann wieder regnet es eine Zeit sehr lange und heftig.

2 Sammelt weitere Informationen über Kinderarbeit in einigen Ländern. Versucht Ursachen zu ergründen.

3 Sprecht darüber, warum noch viele Kinder in der Welt hungern.

Feste aus aller Welt

Überall auf der Welt feiern die Menschen Feste.
Sie kommen zusammen, um miteinander zu reden, zu musizieren, zu essen und zu trinken.
Sie wollen sich gemeinsam freuen, tanzen und ausgelassen sein.

1 Sprecht darüber, was ihr auf Feiern macht.

2 Gestalte ein Kärtchen zu einem Fest, das du kennst. Hier findest du Musterkärtchen.

Ostern in Deutschland

Zeit: erster Sonntag nach dem ersten Frühjahrsvollmond

Die Christen gedenken am Ostersonntag der Auferstehung Jesu Christi von den Toten. Sie feiern Ostern in der Kirchengemeinde und in der Familie. Die Fastenzeit ist beendet. Mit dem Osterfest sind viele Bräuche verbunden: ...

Raksha Bandhan in Nordindien

Zeit: August

Raksha Bandhan ist das Fest der Liebe zwischen Schwester und Bruder.
Raksha bedeutet Schutz und Bandhan Bindung.
In einer feierlichen Zeremonie schenkt die Schwester dem Bruder ein selbst geflochtenes Armband.

Der Bruder bedankt sich mit einer Gabe, manchmal schenkt er der Schwester einige indische Rupien, bei uns wären das ein paar Cent. Bruder und Schwester wünschen einander, gesund zu bleiben und füreinander da zu sein, auch wenn sie größer werden.

Wir flechten einen Rakhi für unsere Geschwister oder wir schenken das Band einer Freundin oder einem Freund.

Über kulturelle Vielfalt am Beispiel von Festen in der Welt sprechen, dazu recherchieren

S. 4, S. 5

Halloween in den USA

Zeit: letzte Nacht im Oktober

Dieses Fest ist sehr alt. Früher fürchteten die Menschen, dass böse Geister in dieser Nacht Unheil anrichten. Um sie fernzuhalten, stellten sie brennende Kerzen in ausgehöhlte Kürbisse.

Heute verkleiden sich die Kinder als Geister. Sie erschrecken die Nachbarn mit dem Ruf „Trick or treat" – „Spende oder Streiche". Sie bekommen dann Süßigkeiten.

Wir schmücken uns als Geister und feiern Halloween.

Neujahrsfest in China

Zeit: Es beginnt am ersten Tag des chinesischen Kalenders, meist im Februar, und dauert 15 Tage.

Das chinesische Neujahr ist eines der buntesten Feste der Welt. Zunächst reinigen die Familien ihre Häuser, um das Unglück des letzten Jahres zu vertreiben.
Sie schmücken die Räume mit Pfirsichblüten, das soll Glück bringen.
Feuerwerkskörper an der Tür vertreiben böse Geister.
Die Familien besuchen Verwandte und Freunde.
Als Glücksbringer schenken sie einander leuchtend orangefarbene Mandarinen mit Blättern.
Die Kinder bekommen rote Päckchen mit Glücksgeld.

Wir informieren uns über die Symbole des chinesischen Neujahrsfestes.

S. 4, S. 5

Reden ohne Worte

1 Betrachte die Fotos. Beschreibe die Situationen.
Finde passende Bildunterschriften.
Woran erkennst du, wie sich die Kinder fühlen?

Wir reden nicht nur mit Worten, sondern auch mit unserem Körper. Deine Körperhaltung, Bewegungen von Armen und Beinen, deine Stimme und dein Gesicht können zeigen, was du fühlst: ob du dich freust oder ärgerst, ob du nachdenklich, traurig oder ängstlich bist oder auch ob du schwindelst.

2 Meist verstehen wir den Gesichtsausdruck anderer Menschen von unserem Gefühl her richtig. Was zeigt dieses Gesicht?

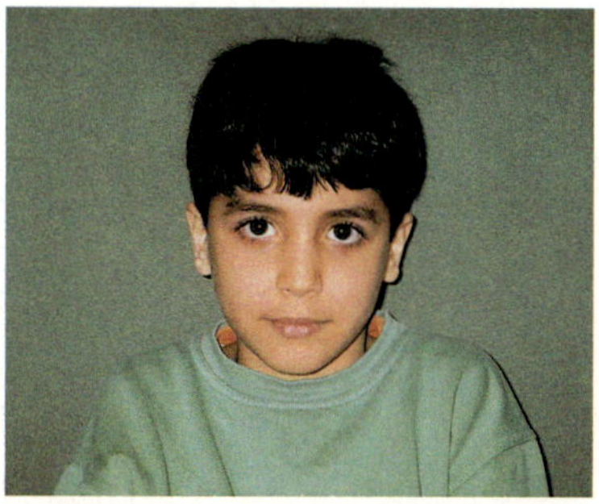

3 Schau in einen großen Spiegel. Stelle dir nun vor: Du freust dich, du bist ängstlich, du bist überrascht, du ärgerst dich, du ekelst dich, du schämst dich. Zeige es mit deinem Gesicht und deiner Körperhaltung. Du kannst auch Fotos von dir ansehen und darin „lesen“.

★ Ein Rollenspiel: Du sitzt mit gesenktem Kopf, du kratzt dich am Kopf … Versteht dich deine Partnerin oder dein Partner richtig? Tauscht euch aus.

Sprache und Körpersprache als Kommunikationsmittel;
körperliche Signale wahrnehmen lernen

Im Winter

Wie verändern sich Pflanzen, Tiere und das Wetter im Winter?
Wie stelle ich mich auf den Winter ein?
Wie entstehen Eiszapfen?

Wie Pflanzen überwintern

Die Kastanie wirft im Herbst ihre Blätter ab. Jetzt ist ihre Wuchsform deutlich zu erkennen. Bereits im Sommer, als der Baum reichlich Nährstoffe zum Wachsen hatte, legte er seine Knospen an. Es sind große, klebrige Knospen, aus denen im Frühjahr neue Blätter und Blüten sprießen werden. Nun aber ist der Baum in der Winterruhe. Alle Lebensvorgänge laufen langsam ab. Kastanien sind mehrjährige Pflanzen.

Kastanienknospe

Längsschnitt durch eine Kastanienknospe

Andere Pflanzen überdauern den Winter durch ihre unterirdischen Speicherorgane.

Schneeglöckchen

Veilchen

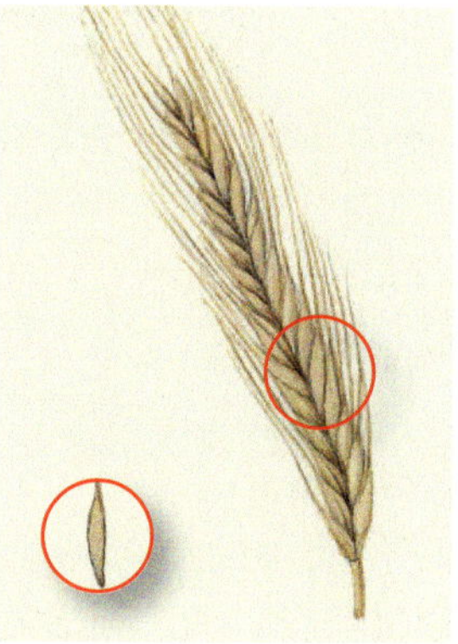
Roggen

Keimling aus einem Roggensamen

Das Schneeglöckchen hat eine Zwiebel und das Veilchen einen Wurzelstock. Darin haben die Pflanzen im Vorjahr Nährstoffe gesammelt und gespeichert. Schneeglöckchen sind mehrjährige Pflanzen. Veilchen können einjährig oder mehrjährig sein.

Roggen überdauert den Winter als Samen. Die Samenkörner reifen im Sommer in den Ähren. Sie enthalten viele Nährstoffe und auch den Keimling. Aus ihm entwickelt sich im nächsten Jahr eine neue Pflanze. Roggen ist eine einjährige Pflanze.

1 Schreibe Wörter aus dem Text auf, die du nicht verstehst. Schaue im Lexikon oder im Internet nach, was sie bedeuten.

Wie Tiere überwintern

Igel halten Winterschlaf.
Im Winter finden sie kaum Futter.
Sie fressen sich im Sommer ein Fettpolster an und schlafen 5 bis 6 Monate.

Eichhörnchen halten Winterruhe. Sie schlafen oder ruhen mehrere Tage in ihrem Nest und suchen dann aber draußen wieder nach Nahrung.

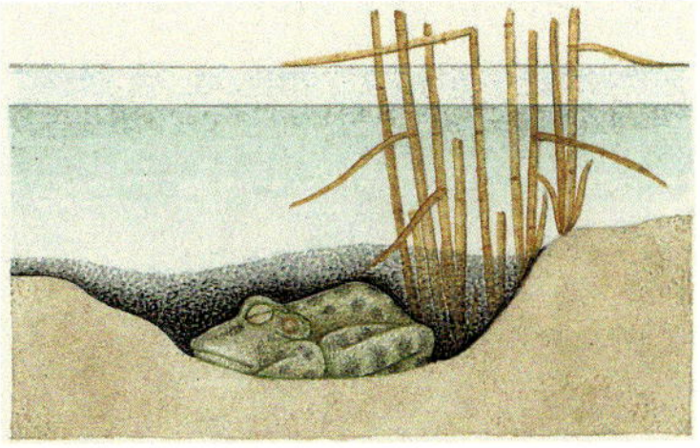

Frösche kriechen bei Kälte unter Baumwurzeln, in Erdlöcher oder in den Schlamm der Gewässer. Hier verharren sie regungslos in Winterstarre.

1 Informiere dich im Internet über weitere Tiere, die Winterschlaf oder Winterruhe halten oder in Winterstarre fallen.

2 Wie überwintern Störche und Schwalben?

Viele Tiere sind auch im Winter auf Nahrungssuche unterwegs. Im Schnee sehen wir Fußspuren von Meisen, Krähen, Tauben und Sperlingen.
Im Wald und im freien Feld findest du Spuren und Fährten von Reh, Wildschwein, Feldhase, Fuchs, Maus und Eichhörnchen.
Erkennst du sie?

Zum Winter wird das Fell des Feldhasen dichter und dicker. Sein Winterkleid ist graubraun bis weißlich.
Als Einzelgänger ist er allein unterwegs. Besonders in der Dämmerung sucht er Futter, zum Beispiel Knospen, Triebe und auch Baumrinde.
Schon im Januar paaren sich die Hasen. Sechs Wochen später bringt die Häsin in einer Erdmulde auf dem Feld etwa fünf Junge zur Welt. Sie haben schon Fell und Zähne und können sehen.

Wasser im Winter – wir dokumentieren

4. Januar, 10.30 Uhr, –10 °C. An den Bäumen im Garten hat sich Raureif gebildet. Er besteht aus feinen weißen Eisnadeln.

25. Januar 9.00 Uhr. Einige Tage lang schien bei etwa –2 °C die Sonne. An den alten Telefonleitungen haben sich kleine Eiszapfen gebildet.

1 Findet Bildunterschriften zu den unteren Fotos.

2 Auf allen Winterbildern siehst du Wasser: mal fließend, mal als Schnee, mal … Wie kann Wasser im Winter noch aussehen?

Jeder Eiskristall hat sechs Strahlen, und doch …

Es war eine helle Winternacht. Der kleine Marder …

Schneeflocken bestehen aus winzigen Eiskristallen.
Kein Eiskristall gleicht dem anderen, aber sie sind immer sechseckig.
Die Eiskristalle auf dem Foto sind stark vergrößert.
In Wirklichkeit sind sie nur 3 mm lang:
Schnee sieht weiß aus. Schnee fällt sacht und dämpft Geräusche. Im Schnee zeichnen sich Spuren ab. Schnee schützt Pflanzen vor Kälte.
Kannst du ihn riechen, sehen, fühlen oder schmecken?

Wie viel wiegt eine Schneeflocke?
Sie wiegt fast nichts. Fange sie auf: eine, zwei, hundert Schneeflocken.
Du spürst ihr Gewicht nicht.
Wenn du aber unzählbar viele Schneeflocken zu einem Schneeball rollst, spürst du ihr Gewicht.
Lege den Schneeball auf eine Waage.
Auch beim Schneeschieben merkst du, wie schwer Schnee sein kann.
Unter einer Schneelast können sogar dicke Äste von den Bäumen brechen.

Fotos dokumentieren

- Besorgt Material: Zeichenkarton für ein Fotoalbum, Papier, Klebstoff, Schere …
- Wählt Fotos zu einem Thema aus. Manchmal wirken Fotoausschnitte eindrucksvoller.
- Verfasst kleine Texte: Bildunterschriften, Beschreibungen, Verse …
- Ordnet alles übersichtlich und klebt es auf.

Gefahren einschätzen lernen

1

2

3

4

1 Beschreibe die Situation auf jedem Bild.
Vermute, was passieren könnte.

2 Stellt Tipps zusammen: Wie wir uns bei Wintergefahren verhalten.

★ Suche aktuelle Nachrichten über Unfälle im Winter und berichte davon.

Gefahren durch Wettereinflüsse im Winter beschreiben;
Verhaltenstipps zusammenstellen

S. 4, S. 5

Bei Gefahren helfen

1 Welche Bilder auf den Seiten 44 und 45 passen zusammen? Erzähle dazu.

2 Wie hilft die Feuerwehr?
Informiert euch darüber in Sachbüchern,
bei einem Besuch in einer Feuerwache,
im Internet.

Über Hilfeleistungen bei Unfällen im Winter sprechen;
zur Arbeit der Feuerwehr recherchieren

S. 4, S. 5

Rätselhaftes im Winter

Mein Winter-Forscher-Buch

1 Ich entdecke und erkläre: An kalten Wintertagen kann ich meine Atemluft sehen. Warum?

2 Ich untersuche und vergleiche: Verändert sich ein Schneeball, den ich 3 Tage in ein Gefrierfach lege, oder nicht?

3 Ich frage nach: Womit streut der Winterdienst, wenn die Straßen unseres Ortes glatt sind?

4 Ich fotografiere und lese nach: Wie entstehen solche Eiszapfen?

Ergebnis 4:
Der Winter ist lang und kalt, tagsüber aber scheint die Sonne. Sonne und warme Wohnungen lassen den Schnee auf dem Dach schmelzen. Langsam rinnt Schmelzwasser die Dachkante herab. Tropfen treten über, einer, noch einer und so weiter.
Wo es kälter ist, wie unter der Dachkante, gefrieren Tropfen wieder, einer am anderen. Langsam wachsen kleine Eiszapfen und werden länger und breiter.

5 Ich experimentiere: Ich fülle Wasser in ein Plastik-Ei. Dann lege ich es 6–8 Stunden in ein Gefrierfach oder bei Kälte nach draußen.

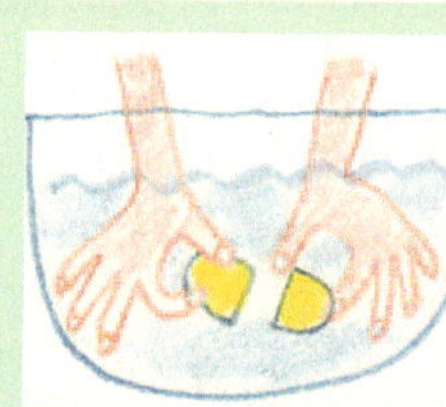

Lösungsansätze für Probleme zu Phänomenen des Winters entwerfen; experimentelle Methode anwenden

AH S.14

Das tut mir gut

Warum kann ich meinen Arm beugen und strecken?
Was sagt die Nahrungspyramide über gesundes Essen?
Wie kann ich im Notfall erste Hilfe leisten?

Was unseren Körper trägt und bewegt

Wie viele Knochen hat ein Mensch?
Babys haben bei der Geburt etwa 350 Knochen. Einige der weichen Knochen wachsen später noch zusammen. Die meisten Erwachsenen haben mit 25 Jahren nur noch 206 Knochen.

Wie heißt der kleinste Knochen im Skelett?
Es ist der Steigbügel, ein Knochen im Ohr. Der Knochen ist nur halb so groß wie ein Reiskorn.

Alle Knochen zusammen bilden das Skelett des Menschen. Es schützt empfindliche Körperteile: So umschließt der Schädel unser Gehirn, die Rippen schützen Herz und Lunge, die Wirbelsäule das empfindliche Rückenmark. Die Skelettknochen, besonders die Wirbelsäule und die Knochen der Arme und Beine, sind das Stützgerüst unseres Körpers. Sie geben ihm den Halt und auch die Körperform. Viele Knochen sind gelenkig miteinander verbunden. Zusammen mit Sehnen und Muskeln, die an den Knochen ansetzen, ermöglicht das Skelett alle unsere Körperbewegungen.

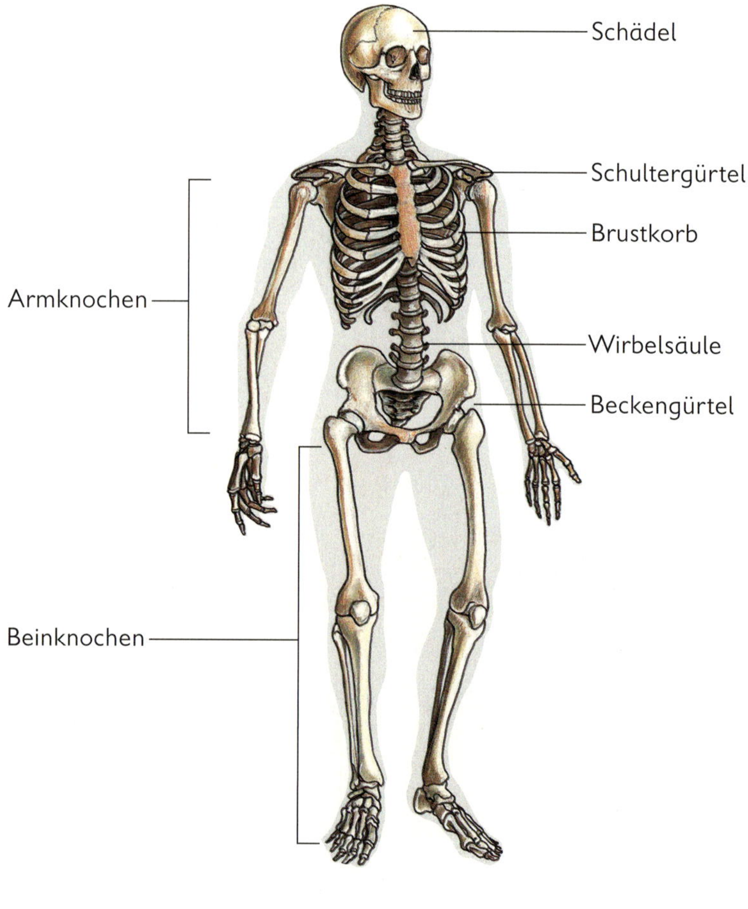

Woraus bestehen Knochen?
Knochen bestehen hauptsächlich aus Knochengewebe. Es sieht aus, als würden viele winzige Balken übereinanderliegen. Dadurch ist der Knochen stabil.

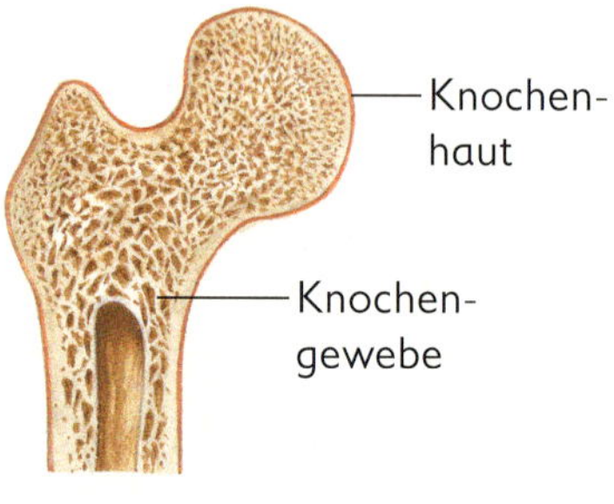

Um den Knochen herum liegt die Knochenhaut. Sie versorgt den Knochen mit Nährstoffen und Sauerstoff.

1 Ertaste Knochen an deinem Körper. Versuche sie zu benennen.

Unser Körper ist von Muskeln durchzogen.
Du spürst die Muskelbewegung: Strecke und beuge deinen linken Arm und umfasse dabei mit der rechten Hand den linken Unterarm.
Balle deine Hand zur Faust. Die Finger und der Daumen werden durch die Kraft der Handmuskeln bewegt.
Du kannst auch herausfinden, wo deine Gelenke sitzen: Überall, wo Finger und Daumen einknicken, sitzen die beweglichen Knochenverbindungen.
Es gibt im Skelett ganz verschiedene Gelenke.
Probiere, in welche Richtung du die Finger oder den Kopf bewegen kannst: beugen, strecken, zur Seite drehen …
Damit du gelenkig bleibst, musst du dich bewegen und deine Muskeln trainieren. So hältst du deinen Körper gesund.

Was sind Skelettmuskeln?
Skelettmuskeln bestehen aus vielen feinen Muskelfasern. Sie sind von einer festen Muskelhülle umgeben, die oft als Sehne endet. Sehnen verbinden Muskeln mit den Knochen.

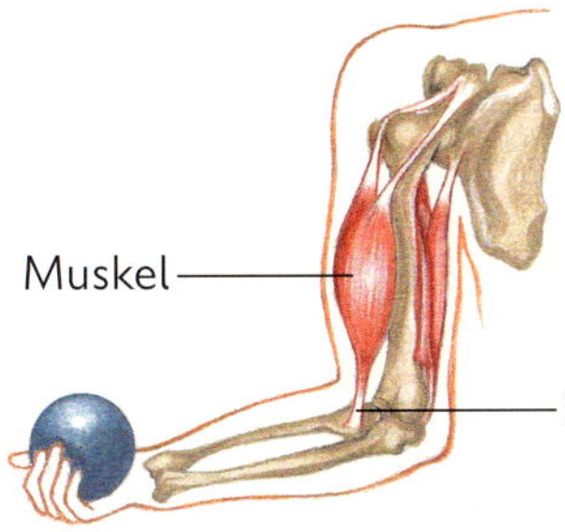

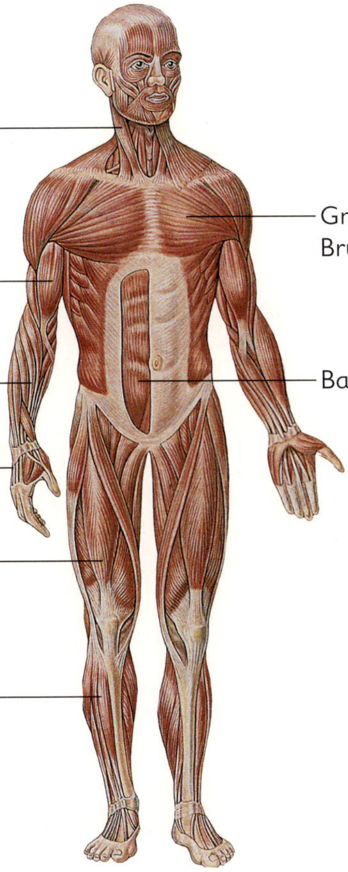

Was sind Gelenke?
Gelenke sind die Verbindungsstellen zwischen zwei Knochen. Eine Knorpelschicht und Gelenkschmiere verhindern, dass die Knochen beim Bewegen aufeinanderreiben.

Beispiel: Scharniergelenk

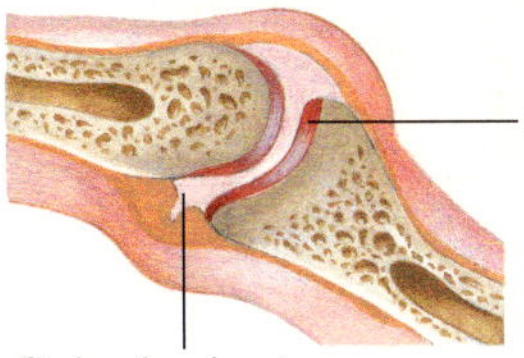

Scharniergelenke, wie das Kniegelenk, lassen sich nur beugen und strecken.

2 Findet Übungen, die eure Muskeln stärken.

Schlaffe Muskeln – krummer Rücken

Die Wirbelsäule wird in 5 Abschnitte unterteilt:

- Halswirbelsäule
- Brustwirbelsäule
- Lendenwirbelsäule
- Kreuzbein
- Steißbein

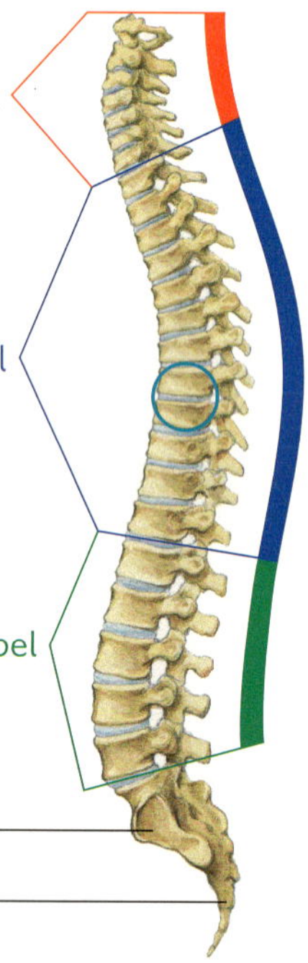

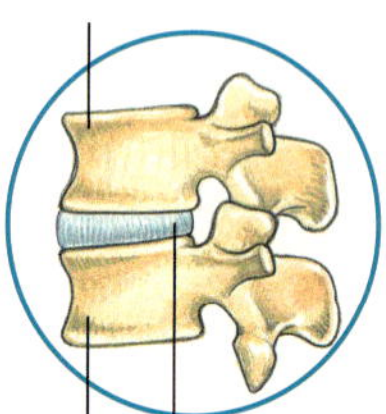

Die Hauptstütze unseres Körpers ist die Wirbelsäule. Die Wirbelsäule besteht aus 24 Wirbeln, dazwischen liegen die Bandscheiben. Das sind weiche, elastische Scheiben aus Knorpel. Dadurch sind die Wirbelknochen zueinander beweglich und reiben nicht aneinander. Außerdem wirken sie beim Laufen oder Springen wie Stoßdämpfer und federn Erschütterungen ab. Zahlreiche Rückenmuskeln und kräftige Bänder stabilisieren die Wirbelsäule und halten den Körper aufrecht. Bei guter Körperhaltung sieht die Wirbelsäule von der Seite wie ein doppeltes S aus. Sind die Muskeln und Bänder nicht genügend in Aktion, erschlaffen sie, und es kommt es zu Haltungsschäden.

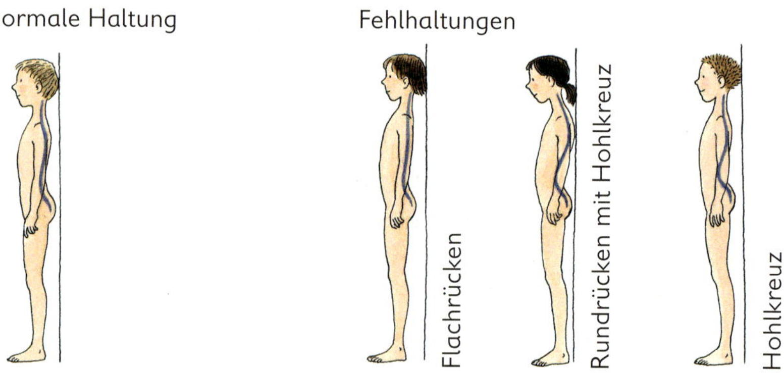

Teste dich und führe Protokoll:

- Kannst du mit geschlossenen Augen mindestens 10 Sekunden ruhig auf einem Bein stehen?
- Kannst du hintereinander 5 gleichmäßige Sprünge auf einem Bein machen?
- Sitzt du täglich weniger als eine Stunde vor dem Fernsehgerät?
- Bekommst du beim zügigen Treppensteigen ausreichend Luft?

Hast du eine der Fragen mit „Nein" beantwortet, bewegst du dich zu wenig. Hier helfen Übungen, die die Muskeln kräftigen sowie dehnen und so Haltungsschäden vorbeugen.

AH S.16

Übungen zum Kräftigen und Dehnen der Muskulatur

Übung 1: 10-mal

Übung 2: 5 Sekunden halten

Übung 3: 10-mal

Übung 4: täglich mehrmals

Übung 5: 5-mal

Übung 6: 15 Sekunden halten

Wenn möglich, Augen schließen

Die Wirbelsäule muss am Tag vielen Belastungen standhalten.
Wenn du deine Schultasche immer in der Hand trägst oder oft gebeugt sitzt, wirst du in Rücken und Schultern bald Schmerzen spüren.
Du kannst deine Wirbelsäule schonen, wenn du

- deine Muskeln kräftigst und so die Wirbelsäule entlastest,
- immer prüfst, ob du gerade sitzt, richtig trägst oder hebst.

Darauf achtest du
beim Sitzen

beim Tragen

beim Heben

★ Erkundet: Wie sehen rückenfreundliche Sitzmöbel für die Schule aus?

Die Nahrungspyramide

Für alle Lebensvorgänge braucht dein Körper Nährstoffe und Flüssigkeit. Nahrung gibt dir Energie zum Wachsen, zum Denken oder um dich zu bewegen. Sie enthält auch Mineralstoffe und Vitamine, die deinen Körper gesund und schön erhalten. Diese Nahrungspyramide zeigt dir, wie du dich gesund ernähren kannst. Wie eine Ampel zeigt sie an, was du beachten musst. Je breiter die Pyramide, umso wichtiger sind die Lebensmittel für deine Ernährung.

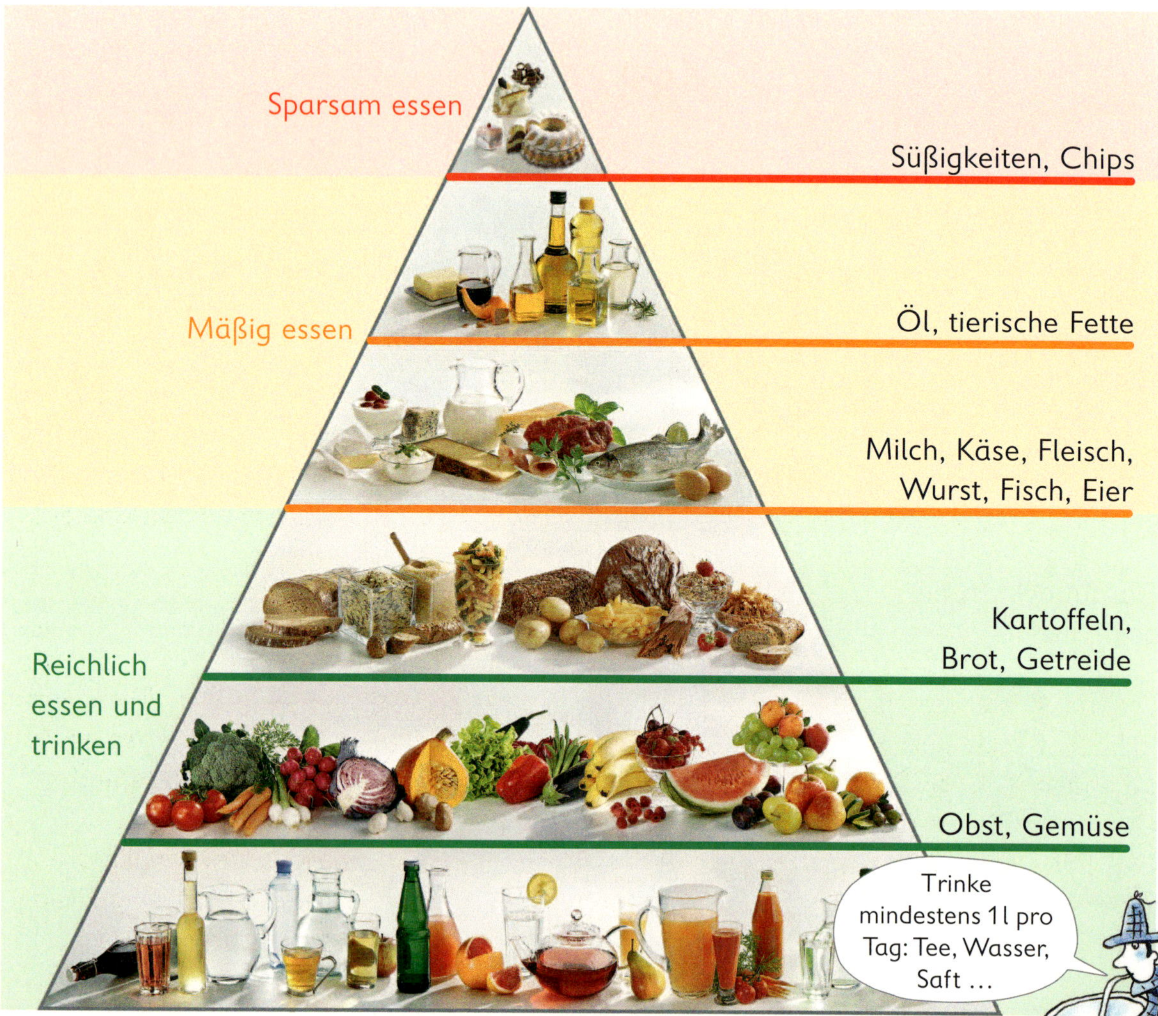

1 Wähle nach der Nahrungspyramide genau aus und zeichne auf, was du am nächsten Tag essen und trinken willst.

★ Wertet eure Nahrungspyramiden gemeinsam aus. Plant ein gesundes Frühstück.

AH S. 17, 18
S. 2

Wie wir unsere Nahrung verdauen

Du hast gut gefrühstückt – Müsli mit Milch, etwas Honig und Kirschen. Nun muss die Nahrung in Lebenskraft verwandelt werden: in Baustoffe, damit dein Körper wächst, in Betriebsstoffe, damit er Energie hat für alles, was du tust – atmen, schauen, kauen, denken, greifen, mit den Augen zwinkern …
Die Nahrung wird im Körper verdaut. Dabei werden die Lebensmittel zerkleinert und in immer winzigere Bestandteile zerlegt. Dann werden die Nährstoffe in das Blut aufgenommen und zu allen Körperteilen transportiert.

Die Nahrung legt einen weiten Weg durch deinen Körper zurück.

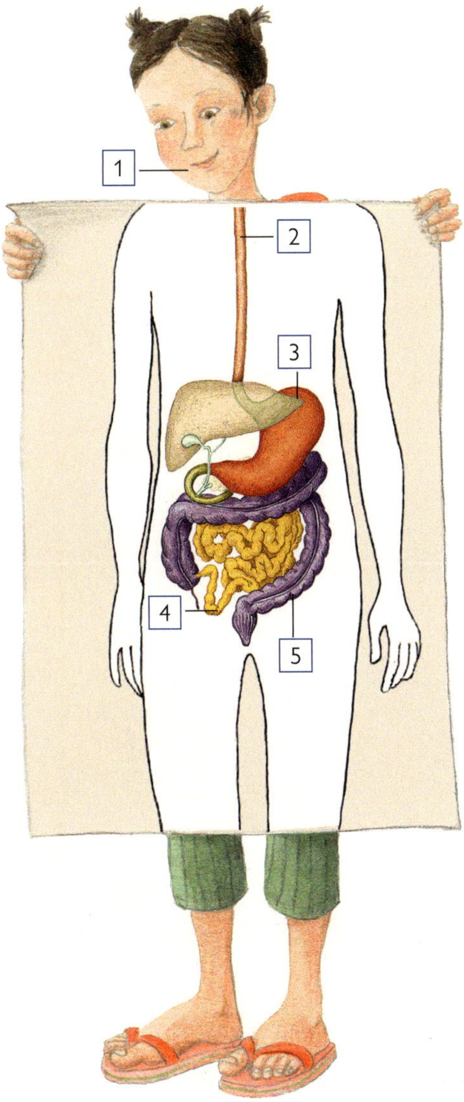

1 Im Mund wird die Nahrung mit den Zähnen zerkaut und mit Speichel vermischt.

2 Der weiche Speisebrei gleitet durch die Speiseröhre in den Magen.

3 Im Magen wird die Mahlzeit zwischengelagert, gut durchmischt und weiter zerkleinert.

4 Im Dünndarm wird der Speisebrei zerlegt. Viele Bestandteile gelangen über die Darmwand in das Blut. Der Dünndarm ist 3 bis 4 m lang.

5 Aus dem Dickdarm zieht der Körper noch Nahrungsreste und Wasser heraus. Alles Unverwertbare wird zu Kot eingedickt und über den After ausgeschieden.

1 Erkläre mit eigenen Worten den Weg der Nahrung durch den Körper.

Weg der Nahrung durch den Körper;
Verdauung als Begriff kennen lernen

AH S.17, 18

Drogen, nein danke! – Projektbericht

Darüber haben wir diskutiert:

Einige Meinungen:

Das wollten wir wissen und haben uns darüber informiert:

Wie wirkt Alkohol?

- Viele sagen, Alkohol macht gute Laune und beruhigt. Doch Alkohol ist ein Gift, er wirkt rasch: Wer viel trinkt, bewegt sich langsam, beginnt zu schwanken, stolpert oder stottert sogar. Er kann nicht mehr klar sehen und spürt kaum noch Schmerz oder Kälte. Manchem wird übel. Zu viel Alkohol vergiftet das Blut, man kann bewusstlos werden. Es besteht Lebensgefahr.
- Kinder werden durch Alkohol besonders stark geschädigt. Nicht nur Schnaps und Bier sind gefährlich, sondern auch Mixgetränke und Süßigkeiten mit Alkohol, den man oft kaum merkt.
- Alkohol stört die gesamte Entwicklung des Kindes: das Denken, die Beweglichkeit, das Sprechen.
- Alkohol ist eine Droge. Man kann davon abhängig oder schwer krank werden.

Wie wirkt Nikotin?

- Nikotin ist im Zigarettenrauch. Es ist eines der stärksten Gifte mit gefährlichen Wirkungen: kalte Füße und Hände, graue Haut, Atmen fällt schwer, Müdigkeit, Sehschärfe lässt nach bis zur Erblindung, lebensgefährliche Krankheiten.

Im Jugendschutzgesetz steht: Die Abgabe von Tabak und Alkohol

Darüber haben wir diskutiert und Aktionen gestartet:

Aktion: Werbung gegen Alkohol

- eine Werbung für Alkohol suchen
- einen Werbespruch dagegen verfassen
- die Werbesprüche in der Klasse ausstellen

Aktion Rollenspiele: „Ich kann ‚Nein' sagen"

- mehrere Situationen spielen
  - „Nein" sagen, wenn Zigaretten angeboten werden
  - „Nein" sagen zu Alkohol
  - „Nein" sagen zu Tabletten bei Kopfschmerzen, andere Lösung suchen

Eine Projektwand gestalten

- Plant: Was wollt ihr wem mitteilen?
- Findet eine treffende Überschrift.
- Sucht oder gestaltet passende Bilder. Gebt ihnen Bildunterschriften.
- Schreibt passende Texte. Hebt das Wichtigste farbig hervor.
- Ordnet Texte und Bilder übersichtlich auf der Projektwand an.

an Kinder und Jugendliche unter 16 Jahren ist verboten!

Sich mit Werbung für Alkohol auseinandersetzen;
im Rollenspiel das Selbstwertgefühl stärken

S. 4, S. 5

Ein Handzettel für die erste Hilfe

Willst du dir oder anderen helfen, kann dir ein Handzettel von Nutzen sein. Als Leporello gefaltet kannst du ihn bei dir tragen und im Notfall nachsehen, wie du helfen kannst. Wenn du öfter darin liest, prägen sich wichtige Handlungen fest ein. Um erste Hilfe selbst zu leisten, brauchst du:

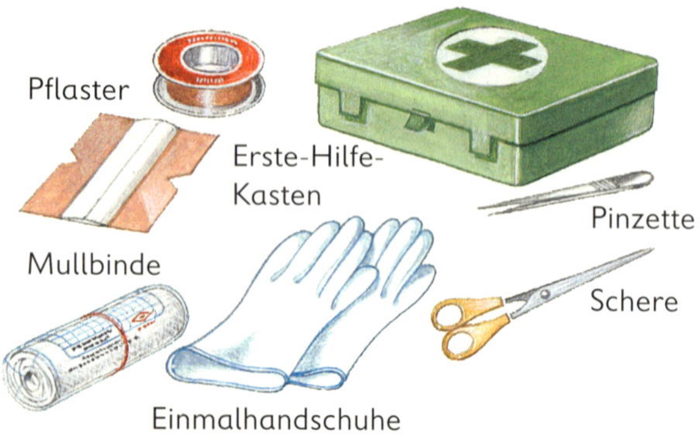

Selbst helfen – aber wie? Kleine Verletzungen

Schnitt- und Schürfwunden
- nur mit sauberen Händen versorgen
- nicht berühren, mit Pflaster oder einem Mullverband bedecken

Verbrennung oder Verbrühung
- verbrannte oder verbrühte Stelle sofort unter kaltes Wasser halten

Sonnenbrand
- mit feuchtem Tuch kühlen
- an einen kühlen Ort gehen
- zum Arzt gehen

Nasenbluten
- den Kopf nach vorn beugen
- kalte Umschläge in den Nacken legen

Insektenstiche
- selbst Ruhe bewahren oder andere beruhigen
- kühlen, Zwiebelscheiben auflegen

Hilfe holen – aber wie? Brand • Unfall • Badeunfall

So mache ich es richtig:
- Ruhe bewahren
- Erwachsene herbeiholen
- Notruf wählen (kostenfrei)

Notruf-Nummern
- Feuerwehr 112
- Polizei 110

Sprich langsam und deutlich:
Sage, wer spricht (Name des Anrufers)!

WO	ist es passiert? (Adresse, Ort)
WAS	ist passiert? (Brand, Verkehrsunfall)
WIE VIELE	Verletzte?
WELCHE	Verletzungen?
WARTEN	auf Rückfragen

Selbsthilfe bei leichten Verletzungen; Notruf absetzen

Bei uns und anderswo

Wie bauen wir ein Modell unserer Schule?
Was sollte ich über meinen Heimatkreis wissen?
Ich will Rad fahren, was muss ich wissen und können?

Ein Modell der Schule bauen …

Um ein Modell eures Schulgeländes zu bauen, müsst ihr alles von allen Seiten genau betrachten:

Ein Gelände erforschen

- Erkundet:
  - die Begrenzungen des Geländes,
  - Zugänge und Zufahrten,
  - die Anzahl der Gebäude und wie sie aussehen,
  - Wege, Anlagen, Bäume,
  - wie Gebäude und Anlagen zueinander stehen (Abstand, Richtung).

1 Sammelt Material. Baut Gebäude, Bäume …

2 Ordnet alles auf einem großen Packpapier an.
Malt die Wege auf.

Beachtet:

- In einem Modell ist alles kleiner und einfacher: Häuser, Wege, Plätze, die Räume zwischen ihnen.
- Gebäude und Anlagen sind wie in der Wirklichkeit unterschiedlich groß.
- Alles muss so angeordnet sein, wie es auf dem Schulgelände zu sehen ist.

AH S.19, 20

S.14

... und einen Plan davon zeichnen

So entsteht aus eurem Modell ein Plan.

- Umfahrt mit Stiften die Grundflächen der Häuser. Nehmt sie dann vom Papier herunter.
- Auf dem Papier seht ihr nun die Grundrisse der Gebäude. Alle Gebäude und Wege sind einfacher, kleiner und in der richtigen Lage zueinander aufgezeichnet.
- Vervollständigt euren Plan mit Grundrissen für Anlagen, Bäume und dem, was ihr sonst noch im Modell eures Schulgeländes dargestellt habt. Erfindet dafür Grundrisse und zeichnet sie farbig in den Plan.

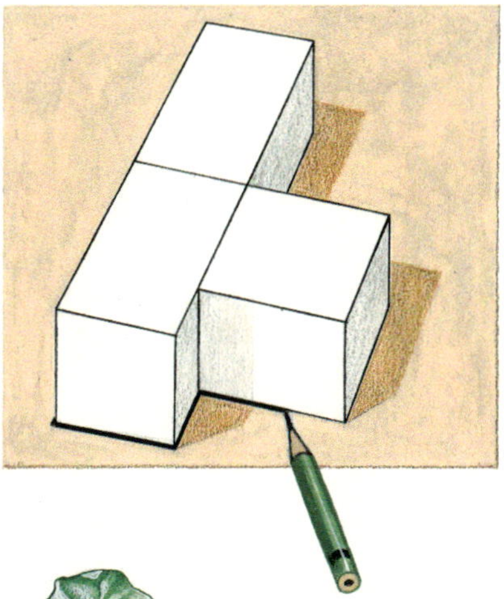

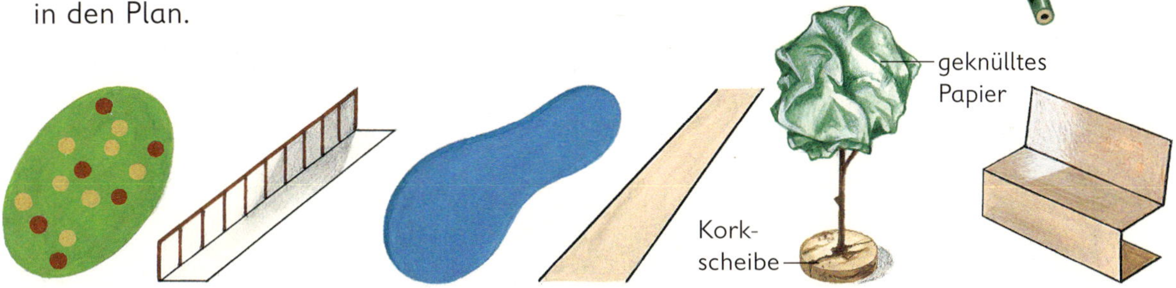

- Tragt in euren Plan die Haupthimmelsrichtungen ein. Orientiert euch dafür am Sonnenstand.
  N – Norden **S** – Süden **O** – Osten **W** – Westen

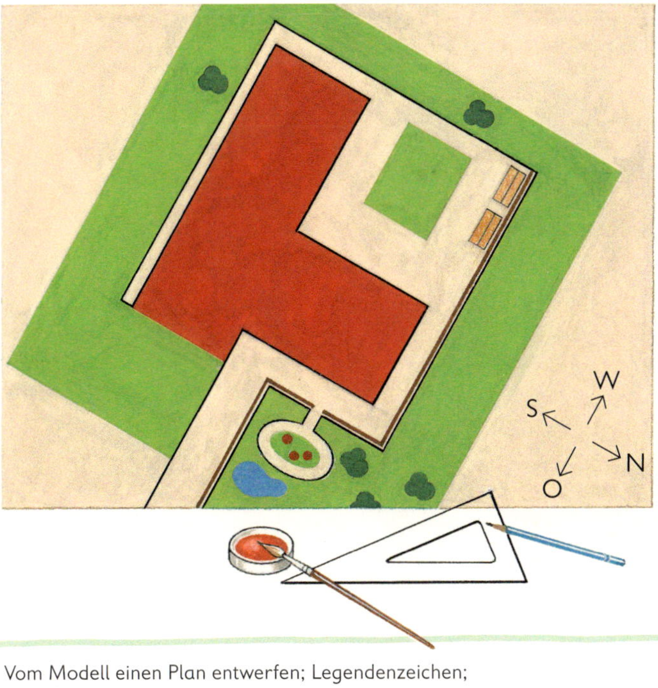

- Mit Hilfe dieser Legende ist euer Plan „lesbar“. Sie erklärt die Farben, Linien und Zeichen.

Einen Ortsplan lesen und den Weg finden

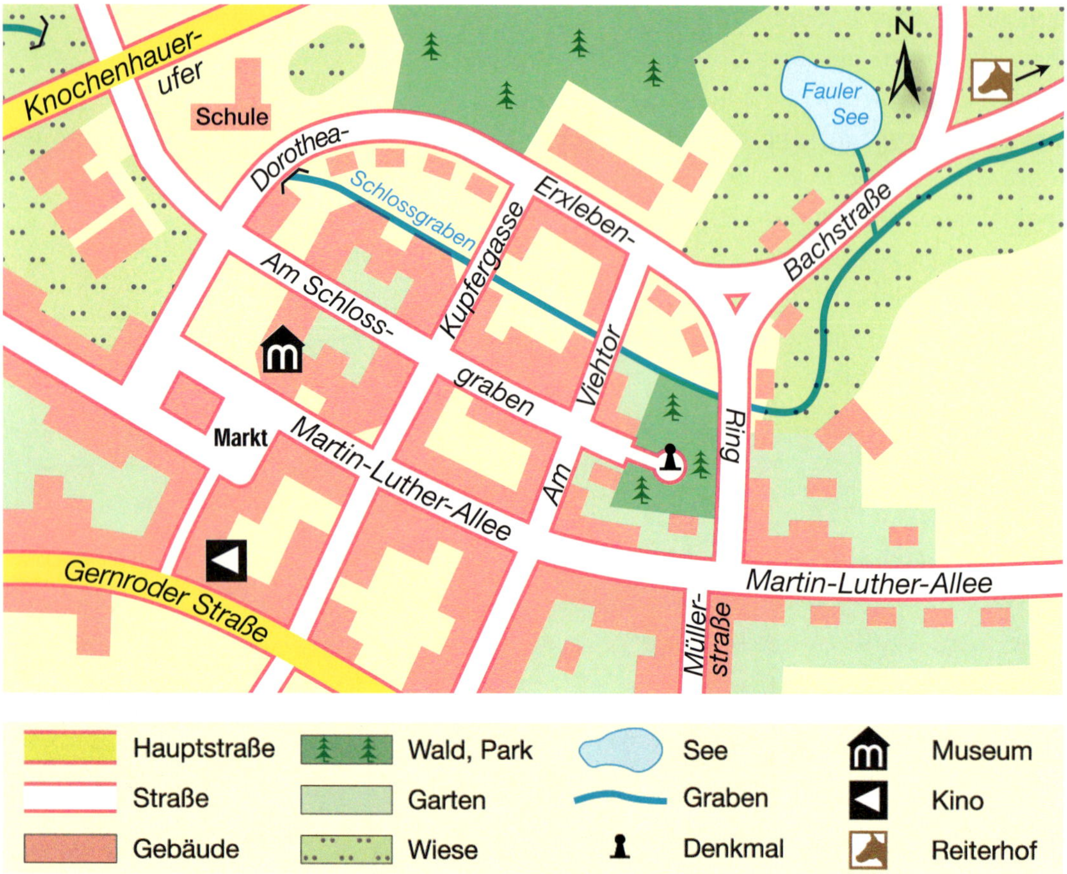

Ein Ortsplan zeigt Straßen und Gebäude, Plätze und Grünanlagen eines Ortes. Sie sind auf einer Fläche noch einfacher und kleiner in Grundrissen dargestellt. Zu jedem Plan gehört eine Legende, die alle Zeichen und Farben im Plan erklärt.

Auf dem Plan weist die Nordrichtung zum oberen Kartenrand.

Mit einem Ortsplan kannst du dich über einen Ort informieren, auch wenn du noch nie dort warst.

1 Arbeitet mit dem Ortsplan. Erfindet Aufgaben.

2 Findet auf dem Plan besondere Gebäude und das Denkmal.

Sich mit einem Ortsplan orientieren lernen; Legende verstehen, interpretieren; Wege finden

AH S.21

Landkarten als Orientierungshilfen

Karten helfen, sich in der Umgebung zurechtzufinden.
Eine Karte zeigt ein noch größeres Gebiet als ein Ortsplan.
Darauf ist alles noch kleiner und einfacher dargestellt.
Viele verschiedene Karten liefern unterschiedliche Informationen:

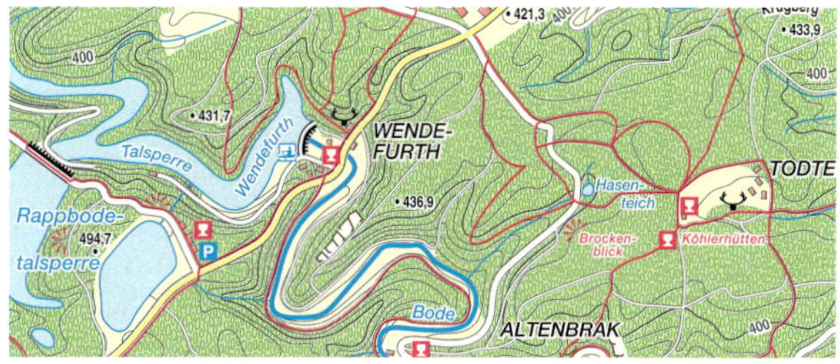

In eine Wanderkarte sind Wanderwege eingezeichnet.

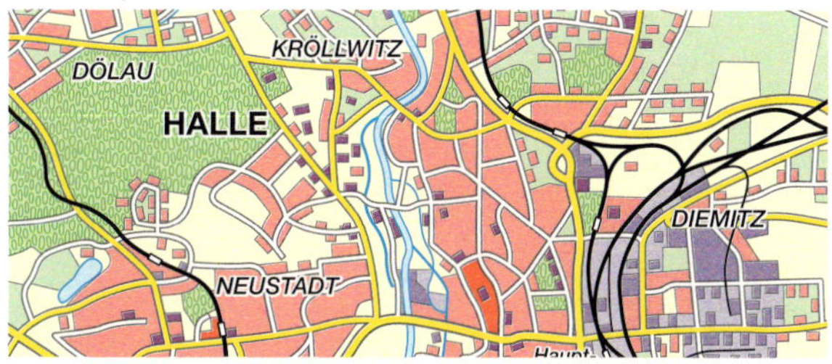

Mit einer Straßenkarte informieren sich Kraftfahrer über den Verlauf der Straßen.

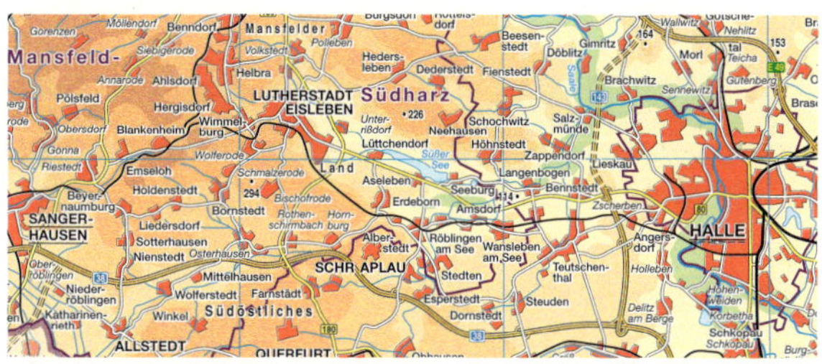

Eine physische Karte zeigt die Gestalt der Oberfläche eines Gebietes mit Gewässern, Siedlungen, Verkehrswegen und Grenzen.

Unser Heimatkreis – Landschaften und Höhen

Eine Ebene ist ein weites, flaches Gebiet. Dort gibt es keine Berge und keine Hügel.
In manchen Ebenen aber sind flache Bodenwellen zu finden.
Man kann weit ins Land schauen.

Ein Hügel erhebt sich nur wenig über seine Umgebung.
Hügel sind meist nicht höher als 200 m.
Sie haben abgerundete Kuppen und manchmal lang gezogene Rücken oder flache Hänge.
Oft liegen mehrere Hügel hintereinander wie eine Kette.
Landschaften mit Ebenen und Hügeln nennt man Tiefland.

Ein Berg überragt seine Umgebung.
Berge können über 1000 m hoch sein.
Manche Berghänge fallen steil ab.
In den Tälern zwischen den Bergen fließen oft Bäche und Flüsse. Manchmal füllen kleine Seen die Talböden.
Berge und Täler oder eine Kette von mehreren Bergen sind Gebirge.

Wie zeigen flache Karten hohe Berge?

Das ist eine Landschaft mit Berg und Tal.
Es sind kleine Häuser, Wiesen, Felder und Bäume zu sehen. Ein Fluss fließt in einen See.

1 Baut das Modell eines Berges.
- Ihr braucht dazu: Styropor, eine Schablone aus Pappe, eine Schere, ein Messer, Farben, einen Bleistift, einen Pinsel, ein Glas mit Wasser.
- So geht ihr vor:
  Markiert die Höhenlinien.
  Malt die Höhenschichten wie in der Abbildung unten mit passenden Farben aus.

So kann man die Landschaft mit Höhenlinien und Höhenschichten vereinfacht darstellen.
Jede Höhenschicht hat eine andere Farbe.

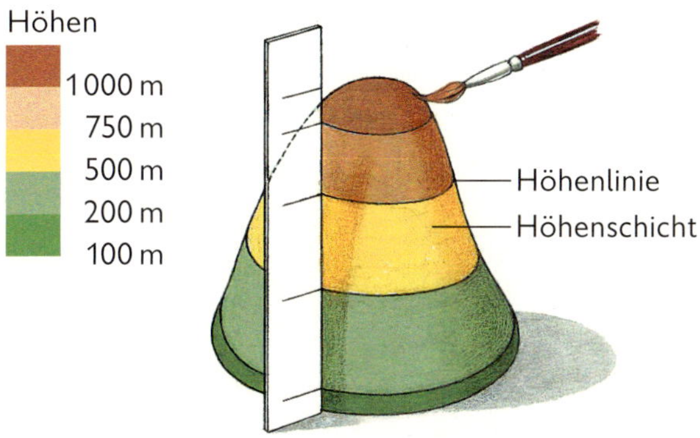

So kann euer Modell des Berges von der Seite aussehen. Höhenlinien sind eingezeichnet.
Jede Höhenschicht hat eine andere Farbe.

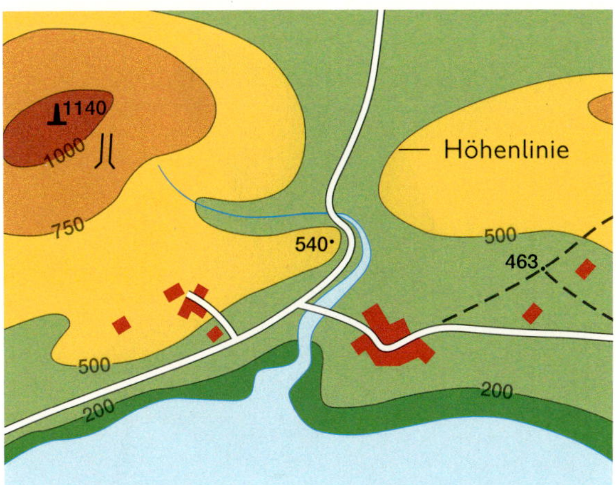

Von oben betrachtet sehen die Höhenschichten wie farbige Flächen aus. Hier sind Höhenlinien und Höhenschichten auf einer Karte dargestellt.

2 Stellt den Berg als farbige Fläche dar.

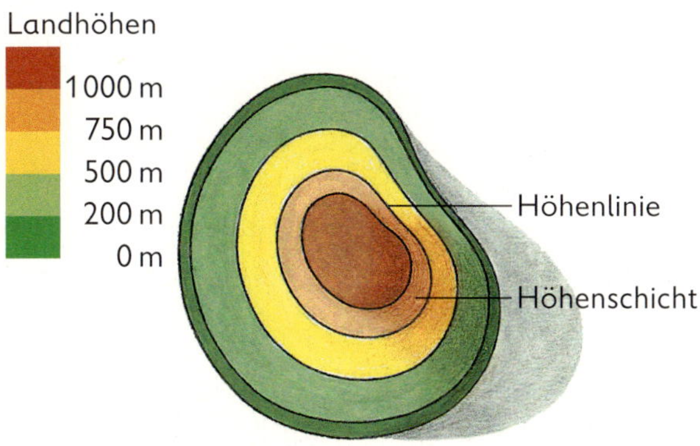

Wenn ihr euer Bergmodell von oben betrachtet, wirkt es wie eine farbige Fläche. So ähnlich sieht ein Berg auf einer Karte aus.

Mit Karte, Kompass und Weitblick

Auf einer Karte weist die Nordrichtung immer zum oberen Kartenrand.

1 Zeige auf der Karte Süden, Südosten, Osten, Westen.

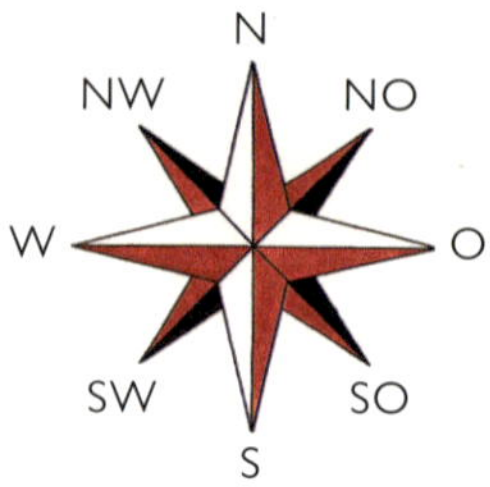

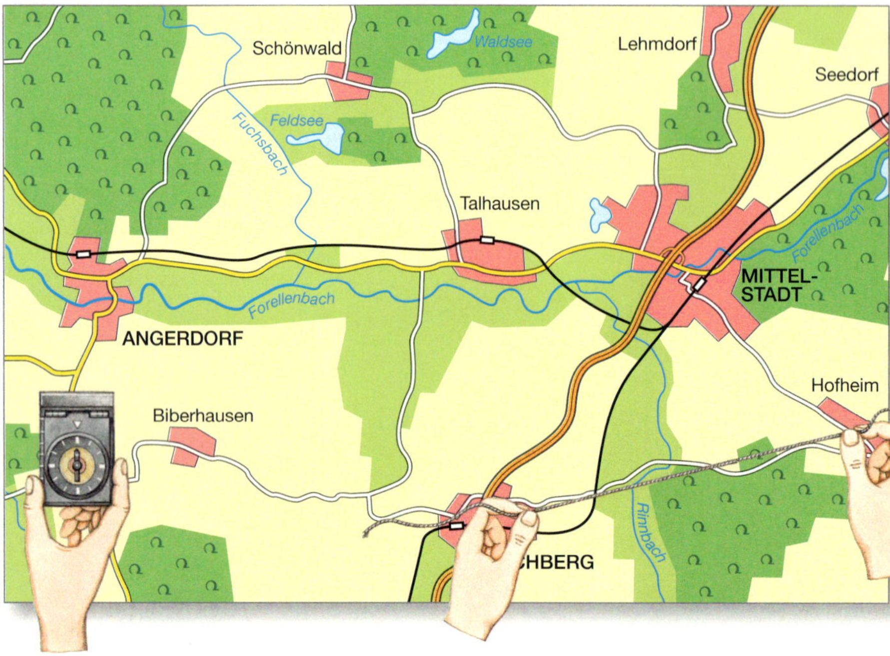

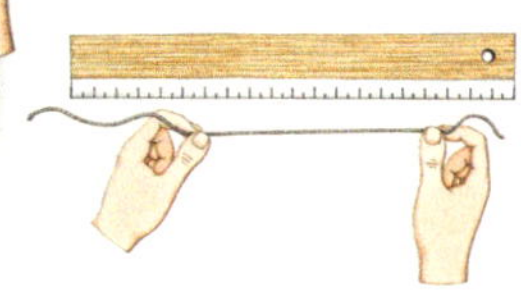

Mit einem Kompass findest du Himmelsrichtungen im Gelände.

Willst du im Gelände nach der Karte wandern, musst du die Karte mit dem Kompass nach Norden ausrichten, das heißt, die Karte einnorden.

- Drehe im Kompass die Skala, bis das **N** zum Richtungspfeil weist.
- Lege dann den Kompass mit der Anlegekante an den Rand der Karte.
- Drehe die Karte mit dem Kompass so, dass die Spitze der Kompassnadel auf das **N** in der Skala zeigt.

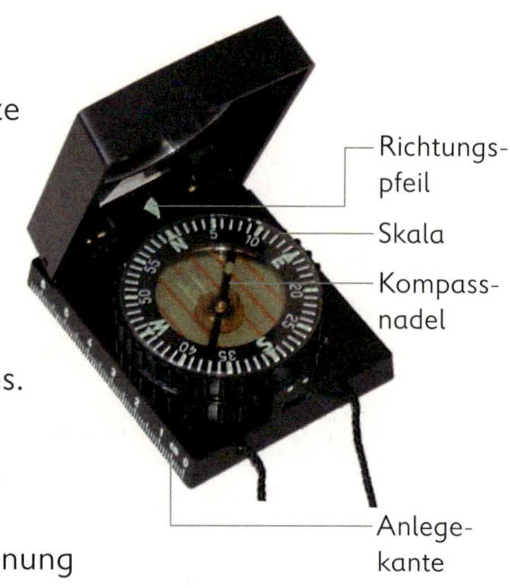

Um Entfernungen zu messen, halte eine feste Schnur an die Endpunkte der zu messenden Strecke. Schneide die Schnur an beiden Enden ab. Miss die Länge der Schnur. Errechne die Entfernung anhand des Maßstabes.

2 Informiere dich zum Kompass auch auf Seite 126.

3 Miss auf einer Karte des Bundeslandes die Entfernung von deinem Schulort zu einer kreisfreien Stadt.

Karte einnorden lernen; Entfernungen auf Karten schätzen und bestimmen; Himmelsrichtungen vertiefen

Unser Heimatkreis – eine Karte lesen

Eine Karte lesen

- Lies die Überschrift.
- Lies die Legende. Formuliere: Die Linien bedeuten ... Die Zahlen bedeuten ...
- Schau die Maßstabsleiste an. Mit ihrer Hilfe findest du heraus, wie weit sich ein Kreis ausdehnt.
- Miss die längste Entfernung von Ost nach West und von Nord nach Süd.

Jede Karte hat eine Überschrift. Sie sagt, was auf der Karte abgebildet ist.
Eine Legende hilft, die Karte zu lesen und zu verstehen.
Mit der Maßstabsleiste werden Entfernungen auf der Karte bestimmt.

1 Löse folgende Aufgaben. Orientiere dich am Wegweiser.

- Wie viele Landkreise hat Sachsen-Anhalt?
- Wie heißen die kreisfreien Städte?
- In welchem Landkreis oder in welcher kreisfreien Stadt wohnst du?
- Wie heißen die Nachbarkreise, die an deinen Heimatkreis grenzen?
- Zeichne den Umriss deines Kreises auf ein DIN-A4-Blatt.

Die Wirtschaft des Heimatkreises erkunden …

In deinem Ort und deinem Heimatkreis leben viele Menschen.
Sie arbeiten hier und kaufen ein, sie fahren mit dem Bus oder der Bahn, sie besuchen Kinos, Gaststätten oder ein Stadion.
Alle Arbeitsstätten, wie Industriebetriebe, Betriebe der Handwerker oder Landwirte sowie Geschäfte bilden die Wirtschaft deines Heimatkreises.

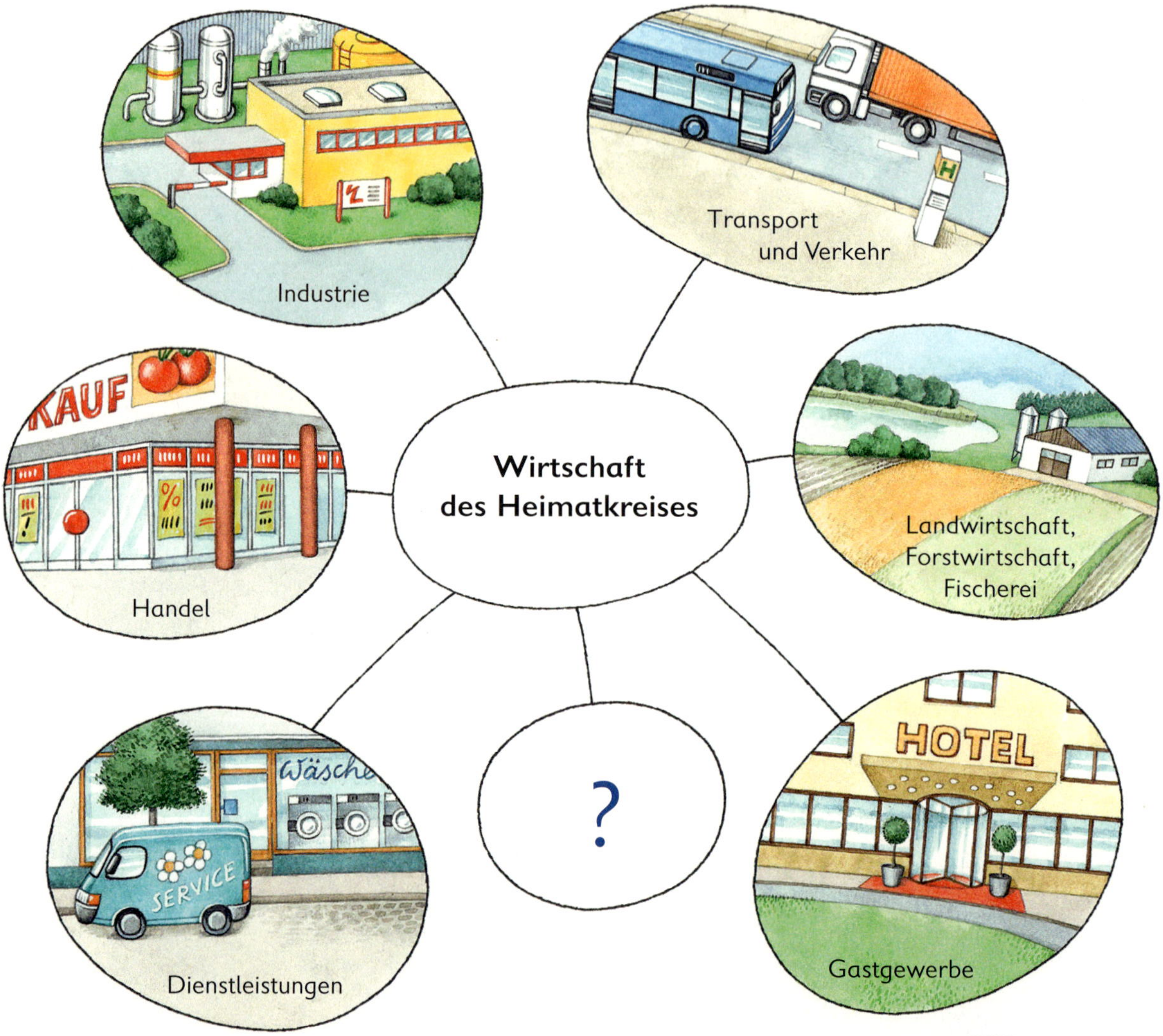

1 Was gehört in deinem Heimatort zur Wirtschaft?

2 Welche Transportwege gibt es in eurem Ort? Wohin führen sie?

3 Informiert euch über die Wirtschaft eures Heimatkreises. Legt eine Übersicht an. Benennt Betriebe, Geschäfte usw.

Einblick in die Wirtschaft des Heimatkreises gewinnen; typische Wirtschaftszweige benennen

AH S.24

... und präsentieren

So könnt ihr die Wirtschaft eures Kreises präsentieren:

4 Forsche nach: Welche Produkte aus dem Heimatkreis nutzt deine Familie?

Im Straßenverkehr sicher unterwegs

1 Welche Antwort ist passend? Schreibe den Buchstaben auf einen Zettel.
Beachte: Es können auch zwei Antworten richtig sein.

A Mit der Klingel bemerkbar machen und zügig durchfahren

B Anhalten und einen Fuß auf den Boden stellen

C Langsam vorbeifahren

A Auf dem Gehweg warten, bis das Fahrzeug mit Sondersignal vorbeigefahren ist

B Schauen, woher das Fahrzeug kommt, dann vorsichtig über die Straße gehen

C Zügig die Straße überqueren

A Hier darf ein Radfahrer die Straße nicht überqueren

B Vom Radweg abbiegen und mit dem Fahrrad über den Fußgängerüberweg fahren

C Absteigen und das Fahrrad über den Fußgängerüberweg schieben

A Lasten am Lenker transportieren, dann sind sie immer im Blick

B In einem Rucksack auf dem Rücken kann nichts verrutschen

C Fahrradkörbe am Lenker des Rades oder auf dem Gepäckträger sind praktisch

So ist mein Fahrrad verkehrssicher

Im Straßenverkehr muss dein Fahrrad mit diesen Teilen ausgerüstet sein.
Das ist vorgeschrieben, damit dein Fahrrad verkehrssicher ist.

Nur wenn alle Teile an deinem Fahrrad funktionieren, ist es auch betriebssicher.

Die Kette muss straff gespannt sein, sonst kann sie abspringen.

Die Reifen sollten weder zu wenig noch zu stark aufgepumpt sein. Sie müssen genug Profil haben. Nur so rollen sie sicher.

Der Bremshebel darf auch bei starkem Bremsen nicht den Lenkergriff berühren. Er darf sich auch nicht zu leicht bewegen.

Sattel und Lenker sind richtig eingestellt, wenn deine Füße den Boden gerade noch berühren.
Alle Schrauben müssen fest angezogen sein.

1 Prüfe, ob dein Fahrrad verkehrs- und betriebssicher ist.
Lass dein Fahrrad ab und zu von einem Fachmann überprüfen.

Ein verkehrs- und betriebssicheres Fahrrad beschreiben;
das eigene Fahrrad überprüfen können (Fahrrad TÜV)

AH S.27

Mit dem Rad fahren – Was muss ich wissen?

Auf der Straße sind Radfahrer und Fußgänger Verkehrsteilnehmer. Deshalb müssen sie Verkehrsregeln, Vorschriften und Verkehrszeichen kennen und beachten. So schützen sie sich und andere vor Gefahren.

Die wichtigste Regel:

„Die Teilnahme am Straßenverkehr erfordert ständige Vorsicht und gegenseitige Rücksicht. Jeder Verkehrsteilnehmer hat sich so zu verhalten, dass kein anderer geschädigt, gefährdet oder mehr als vermeidbar behindert oder belästigt wird."

- *Wo ist diese Regel aufgeschrieben?*

Achtung, Radfahrer!

- *Kinder bis 8 Jahre müssen mit ihrem Fahrrad Gehwege benutzen, Kinder bis 10 Jahre dürfen Gehwege benutzen.*
- *Radfahrer müssen einzeln hintereinanderfahren.*
- *Die Fußgängerzone ist kein Radweg!*
- *Radfahrer müssen alle Verkehrszeichen beachten, auch Ampeln und Markierungen auf der Fahrbahn.*

- *Welche Regeln sind noch zu beachten?*

Wichtige Verkehrszeichen kennen und beachten

Vorschriftzeichen

Radweg

Gemeinsamer Geh- und Radweg

Getrennter Rad- und Gehweg

Verbot für Fahrräder

Halt. Vorfahrt gewähren!

Gefahrzeichen

Gefahrstelle

Arbeitsstelle

Einseitig verengte Fahrbahn

Unebene Fahrbahn

Fußgänger

1 Gestaltet einen Aufsteller zum Thema „Rad fahren".

Mit dem Rad fahren – Was muss ich können?

Wir üben im Verkehrsgarten oder in einem anderen sicheren Gelände.
Jede Übung wird bewertet: 

Training auf dem Übungsplatz

Zügig anfahren, ohne zu wackeln

Sicher geradeaus fahren

Zeichnet eine etwa 80 cm breite und etwa 3 m lange Gasse.
Jeder fährt zügig an und bleibt in der Gasse.

Nach hinten sehen, dabei geradeaus weiterfahren

Schulterblick

Schaut beim Durchfahren der Gasse nach hinten.
Dort wird ein Schild hochgehalten.
Was steht darauf?

Mit einer Hand fahren

Fahrt durch die Gasse:
einmal nur mit der rechten und einmal nur mit der linken Hand am Lenker.

Sicher mit einer Hand fahren

Stark bremsen

Stellt einen Kegel auf.
Fahrt aus 10 m Entfernung darauf zu und bremst.

Bei Gefahr stark bremsen, ohne zu stürzen

1 Ermittelt euren Verkehrs-Champion.

Sicherheit geht vor

Im Auto

Anschnallen ist Pflicht, auch bei einer kurzen Fahrt. Der Sicherheitsgurt verhindert, dass du bei einer Notbremsung aus dem Sitz geschleudert wirst. Kinder bis 12 Jahre und bis zur Größe von 1,50 m müssen immer einen Kindersitz benutzen.

Beim Aus- und Einsteigen

Sei hier besonders vorsichtig. Steige nur an der Gehwegseite in das Auto ein und dort auch wieder aus. Öffne die Autotür erst, wenn du ganz sicher bist, dass sich von hinten kein Fußgänger oder Radfahrer nähert.

1 Was muss beachtet werden, wenn auf dem Beifahrersitz ein Kindersitz ist?

Im Bus

Sind im Bus noch Plätze frei, solltest du dich setzen. Beim An- und Abfahren, beim Bremsen und in Kurven besteht die Gefahr, dass du dein Gleichgewicht verlierst und stürzt. Hast du keinen Platz gefunden, musst du dich gut an den Stangen oder Griffen im Bus festhalten. Herumlaufen oder Toben im fahrenden Bus ist verboten.

An der Haltestelle

Hier drohen Gefahren, wenn Autos schnell vorbeifahren oder Busse heranfahren. Halte deshalb reichlich Abstand vom Fahrbahnrand. Haltestellen sind kein Spielplatz! Laufe nie vor oder hinter dem haltenden Bus über die Straße. Lass erst den Bus abfahren. Dann kannst du die Straße gut einsehen.

2 Stellt sieben Regeln zum sicheren Busfahren zusammen. Ihr könnt schreiben, malen oder Informationen aus dem Internet ausdrucken.

Sicherheitsvorschriften beim Mitfahren im Auto bzw. Bus beachten

AH S.31

Fahrpläne lesen

An Haltestellen öffentlicher Verkehrsmittel sind Fahrpläne ausgehängt.

Linie 111 Stadtpark – Hauptbahnhof															1
	Montag–Samstag														2
		S	S		So			S		S				So	3
Stadtpark	6.20	6.45	7.30	8.20	9.20	10.20	12.20	13.20	14.20	14.45	15.20	16.20	18.20	20.20	4
Markt	6.24	6.49	7.34						14.24	14.49	15.24				
Theaterplatz	6.30	6.55	7.40						14.30	14.55	15.30				
Bergstraße	6.33	6.58	7.43						14.33	14.58	15.33				
Domplatz	6.40	7.05	7.50	8.40	9.40	10.40	12.40	13.40	14.40	15.05	15.40	16.40	18.40	20.40	
Wallgraben	6.45	7.10	7.55						14.45	15.10	15.45				
Schwimmhalle	6.51	7.16	8.01						14.51	15.16	15.51				
Stadion	6.57	7.22	8.07						14.57	15.22	15.57				
Feuerwache	7.00	7.25	8.10	9.00	10.00	11.00	13.00	14.00	15.00	15.25	16.00	17.00	19.00	21.00	
Prinzenteich	7.04	7.29	8.14						15.04	15.29	16.04	17.04			
Schulstraße	7.10	7.35	8.20						15.10	15.35	16.10	17.10			
Hauptbahnhof	7.16	7.41	8.26						15.16	15.41	16.16	17.16			
Zeichenerklärung: S = nur an Schultagen, So = nur an Sonn- und Feiertagen															5

Es bedeuten: 1 die Nummer der Linie 2 gilt an den Wochentagen 3 Ausnahmen
4 Haltestelle und Abfahrtszeiten 5 Legende

1 Arbeitet zu zweit mit dem Fahrplan. Stellt euch gegenseitig Fragen. Zum Beispiel:
- Du steigst um 7.25 Uhr an der Haltestelle „Feuerwache“ aus. Wann bis du am „Domplatz“ losgefahren?

2 Wann sind für dich Fahrpläne wichtig?

Freizeit im Heimatort oder im Heimatkreis verbringen

Um Freizeitmöglichkeiten herauszufinden, kannst du vieles tun:

Mit Freundinnen oder Freunden beraten

Dich im Ort informieren

Mit der Karte eine Wanderung planen

Die Homepage des Heimatortes oder Heimatkreises ansehen

1 Informiert euch über Freizeitangebote für Kinder im Heimatort oder im Heimatkreis. Schreibt interessante Angebote auf.

2 Legt Prospekte zu Veranstaltungen für Kinder aus. Stellt einige Veranstaltungen genauer vor.

Notiere solche Angebote in deinem Heimatkreis.

Früher und heute

Warum sind manche alte Häuser Baudenkmale?
Wie wurde früher eine Wohnung geheizt?
Was erzählen Erwachsene über ihre Schulzeit?

Spuren finden und bewahren

Seit Tagen herrscht Aufregung in der Stadt. Bei Erdarbeiten am Markt stieß man auf große Steine. Es sind bearbeitete Steine, wahrscheinlich von einem alten Gebäude. Herr Müller vom Landesamt für Denkmalpflege ist gekommen, um sich den Fund anzusehen.

Luzie: Was haben Sie gefunden?
Herr Müller: Schau, hier stand früher eine Mauer. Und dort führte eine Treppe in die Tiefe. Unten haben wir Scherben von Krügen und Töpfen gefunden.

Luzie: Darf ich auch mal graben?
Herr Müller: Das geht überhaupt nicht! Du könntest Fundstücke zerstören.

Luzie: Was machen Sie denn hier?
Herr Müller: Wir vermessen die Fundstelle, betrachten und vergleichen alles genau. Wir fotografieren die Treppe, die Mauer und auch die Scherben.

Luzie: Finden Sie manchmal auch einen Schatz?
Herr Müller: Einen richtigen Schatz? Selten. Aber jeder Fund ist eigentlich ein Schatz, auch die Reste von Gefäßen. Mit jedem Fund erfahren wir mehr darüber, wie die Menschen hier früher gelebt haben.

Luzie: Was war denn hier früher?
Herr Müller: Genau weiß ich das nicht. Aber dort sehe ich ein langes, rundes Holz. Innen ist es hohl. Das wird eine alte Wasserleitung gewesen sein.

Luzie: Was wird mit diesen Sachen?
Herr Müller: Alles, was wir finden, kommt ins Museum.

Luzie: Aber das ist doch schmutzig und kaputt.
Herr Müller: Unsere Restauratoren säubern die Sachen vorsichtig. Manche Scherben können wir wieder zusammensetzen. Und dann sieht ein Gefäß fast wieder so aus, wie es mal war.

AH S.33

Ein altes Haus in Quedlinburg: Es ist ein schöner Fachwerkbau. In der Stadt gibt es 1200 solcher Bauten. Fachleute restaurieren die alten Häuser, um sie vor dem Verfall zu retten und sie für uns in ihrem ursprünglichen Zustand zu bewahren. Schau das Bild genau an. Alte Holzbalken bilden das Stützwerk für den gesamten Bau. Dafür wurden große Vierkanthölzer zu einem Gebäudeskelett zusammengefügt. Das Haus erhielt ein Strohdach – und später, wegen der Brandgefahr, ein Ziegeldach. Die Zwischenräume (Gefache) wurden mit Stroh und Hölzern gefüllt – später auch mit Ziegeln ausgemauert. Daran wurde Lehm geworfen und verschmiert. Viele Häuser sind schön verziert.

Wie alt mag das Haus sein?
Und wer wird darin gewohnt haben?

Das Haus ist etwa 450 Jahre alt und hat einen Namen: Klopstockhaus. Einst wohnte hier die Familie Klopstock mit 17 Kindern. Der älteste Sohn wurde ein bekannter Dichter, er hieß Friedrich Gottlieb Klopstock.
Im Klopstockhaus kann man sich Ausstellungen über das Leben berühmter Menschen aus Sachsen-Anhalt ansehen. So wird dort auch von der Quedlinburger Ärztin Dorothea Erxleben berichtet. Sie war die erste Frau in Deutschland, die einen Doktortitel erwarb.

1 Finde in deinem Heimatkreis ein Haus, das ein Baudenkmal ist. Erkunde das alte Haus. Lass dir vom Leben seiner Bewohner erzählen.

Ein altes Haus erkunden

Legt eine Liste mit Fragen an:

- Was kann ich von außen erkunden? Zum Beispiel: Aus welchen Materialien ist das Haus gebaut? Welche Form hat das Dach? Wie groß sind die Fenster?
- Was kann ich innen erkunden? Zum Beispiel: Welche Räume gibt es? Wie hoch sind sie? Wie wurden sie beheizt?
- Fotografiert oder zeichnet. Beschriftet die Bilder.
- Schreibt Fragen und Antworten auf. Ordnet Fotos und Zeichnungen dazu.

Waschen, kochen, heizen – früher und heute

Diese Wasserpumpe stand vor 135 Jahren auf einem Bauernhof in Sachsen-Anhalt. Damit wurde Grundwasser aus der Erde gepumpt. Mit Kannen und Eimern trug man das sehr kalte Wasser ins Haus. In solchen hölzernen Wannen wurde Wäsche gewaschen und manchmal gebadet.

1 Beschreibe: Was war zu tun, wenn alle Familienmitglieder baden wollten? Überlege: Wie konnte die Familie Arbeit und Wasser sparen?

Auf jedem Bauernhof wurde Wasser gebraucht – zum Trinken, Kochen, Waschen, im Garten, für die Tiere. Gab es keine Pumpe, mussten meist Frauen und Mädchen das Wasser von Brunnen holen. Viele trugen die Eimer hunderte Meter zum Haus, oft auch bergauf.

2 Woher bekommt deine Familie Wasser? Erkunde: Wofür verwendet ihr es?

3 Heute verbraucht jeder Einwohner Sachsen-Anhalts 92 Liter Wasser täglich. Wie oft müsste man mit einem 10-Liter-Eimer zum Brunnen gehen?

In der Küche saß die Familie oft zusammen, nicht nur beim Essen. Die Küche war der wärmste Raum. Auf dem Herd wurde auch die Wäsche gekocht und Wasser erhitzt.

Die Küche ist der einzige Wohnraum der Familie (um 1920).

In der Kochmaschine brennt ein Holz- oder Kohlefeuer (um 1920).

Auch Gasherde erzeugen Wärme mit einem offenen Feuer.

Bis zur Erfindung des elektrischen Stroms wärmte die Menschen allein das Feuer: in einer offenen Feuerstelle, wie einem Kamin, oder in Öfen. Geheizt wurde mit Holz, Kohle und Koks. Die Kamine und Öfen waren oft Schmuckstücke der Wohnung und reicht verziert. Der Brandvorgang beim Heizen musste gut beobachtet werden, um die richtige Menge des Brennmaterials zum richtigen Zeitpunkt nachzulegen.

Kanonenöfen verdanken ihren Namen ihrer Form. Da sie aus Metall sind, speichern sie Wärme kaum länger, als das Feuer brennt.

Kachelöfen haben Schamottesteine in ihrem Innern. Dadurch können sie die Wärme über den ganzen Tag speichern (um 1915).

Um die Kohlen zu entzünden, braucht man leichter brennbare Materialien wie zum Beispiel Holz und Papier.

Arbeit in der Landwirtschaft – früher und heute

Früher waren viele Bauernhöfe Familienbetriebe. Alle aus der Familie mussten mithelfen, auch die Kinder und die Älteren. Die Arbeit auf dem Feld und im Stall war oft körperlich schwer, denn es gab nur einfache landwirtschaftliche Geräte.
So sah der Arbeitstag eines Bauern aus:

Am frühen Morgen:

Tagsüber, je nach Jahreszeit:

Am Abend:

1 Was hat sich für den Landwirt von heute verändert?

Früher: Bei der Getreideernte halfen alle Dorfbewohner, auch die Kinder.

Die geschnittenen Halme band man zu Garben zusammen. Diese wurden in „Puppen“ zum Trocknen aufgestellt.

Waren die Garben getrocknet, fuhr man sie in Leiterwagen zum Bauernhof. Dort wurden sie in der Scheune gelagert.

Im Herbst wurden die Körner auf der Scheunentenne ausgedroschen, gesammelt und in Säcke geschüttet.

Rechen zum Zusammenrechen der Halme

Sense zum Schneiden der Halme

Dreschflegel zum Ausschlagen der Körner

Heute mäht ein Mähdrescher viele Getreidehalme auf einmal ab, zieht sie ein und drischt die Körner in einer Dreschtrommel sofort aus. Im Korntank werden sie gesammelt und von dort durch ein Rohr auf einen Wagen transportiert und weggefahren. Das Stroh wird ausgeworfen, gehäckselt und auf dem Feld verteilt. Getrocknet wird es als Tierfutter oder als Streu im Stall verwendet.

2 Schreibe eine Tabelle: Getreideernte früher – Getreideernte heute.

Alte und neue Schulgeschichten

Uroma besuchte die Schule von 1929 bis 1937. Sie hatte jeden Tag einen langen Schulweg, vom Stadtrand zur Stadtmitte. Dort unterrichtete ein Lehrer mehrere Klassen gleichzeitig in einem Raum.

Oma kam 1956 in die erste Klasse. Stolz war sie auf ihren braunen Ranzen, die Schiefertafel und den Griffelkasten. Oma besuchte die Schule bis zur 10. Klasse und lernte dann Schneiderin.

1925 •••• 1930 •••• 1935 •••• 1940 •••• 1945 •••• 1950 •••• 1955 •••• 1960 •••• 1965 •••

Schreibheft

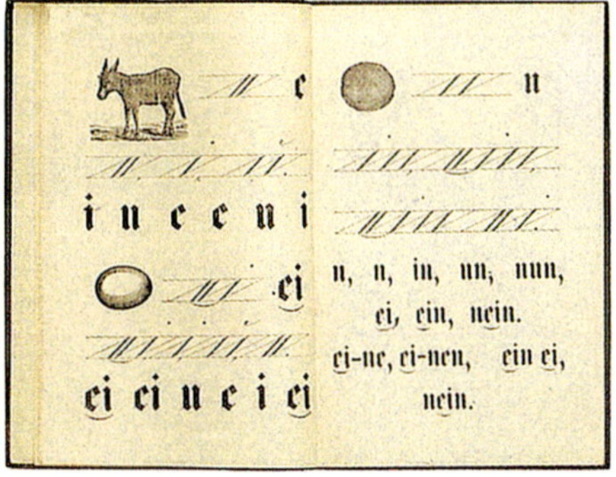

Fibel

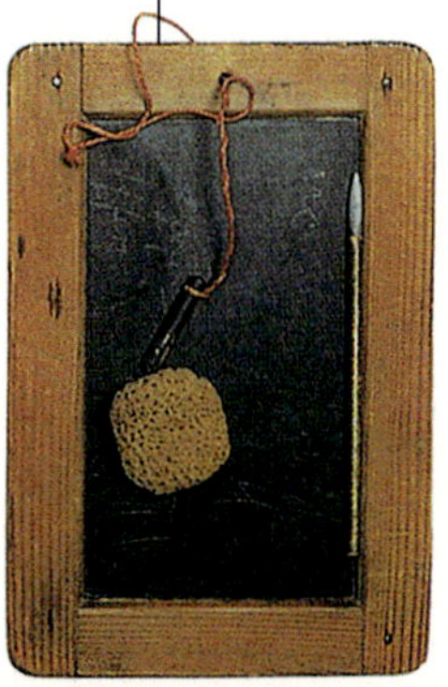

Schiefertafel

Ereignisabfolge der Schulgeschichte in einer Familie mit Hilfe eines Zeitstrahls analysieren

AH S.36

S.16

Mutter kam 1981 zur Schule. Viele Kinder ihrer Klasse kannte sie schon aus dem Kindergarten. In den Ferien fuhren sie oft in ein Ferienlager.
Nach 12 Jahren machte Mutter Abitur.

Julia wurde im Sommer 2007 eingeschult. Sie konnte schon ein wenig lesen und am Computer ihren Namen schreiben. Julia geht gern zur Schule. Sie möchte später Lehrerin werden.

970 •••• 1975 •••• 1980 •••• 1985 •••• 1990 •••• 1995 •••• 2000 •••• 2005 •••• 2010 •••• 2015

Fibel Schulfüller

Mit einem Zeitstrahl arbeiten

- Lies die Jahreszahlen auf der Zeitleiste.
- Finde heraus, was die Punkte bedeuten.
- Zeige wichtige Daten von dir: Geburt, Einschulung, eine schöne Ferienreise …
- Ordne Bilder deiner Familie der Zeitleiste zu.
- Findet Fragen zur Zeitleiste, wie: Wann schrieben die Kinder mit einem Griffel?

Historische Quellen erforschen

Ein altes Foto

Eine alte Küche im Museum

Ein Oldtimer

Seit langer Zeit stellen die Menschen vieles her, was sie zum Leben brauchen oder woran sie sich erfreuen: Sachen für den Haushalt, Werkzeug, Maschinen, Häuser, Brücken, Fahrzeuge, Bücher, Gemälde, Schmuck.
Geschichtsforscher erhalten durch diese Sachen viele Informationen über das Leben früher. Man nennt sie daher historische Quellen oder Quellen für unser Wissen über die Vergangenheit. Auch alte Bräuche gehören dazu. Vieles ist schon erforscht und aufgeschrieben, aber immer wieder ist etwas zu entdecken.

Omas Poesiealbum

Historische Quellen gibt es auch bei dir zu Hause: eine alte Postkarte, eine Uhr vom Urgroßvater oder ein altes Foto deiner Familie.
Willst du solche Quellen enträtseln, musst du wie ein Forscher viele Fragen stellen:

- Wer war der Fotograf?
- Was und wer ist auf dem Foto zu sehen?
- Wo und wann ist das Foto entstanden?
- Warum wurde das Foto gemacht?
- Erklärt ein Text das Foto? Wer hat ihn verfasst?
- Wo wurde/wird das Foto aufbewahrt?

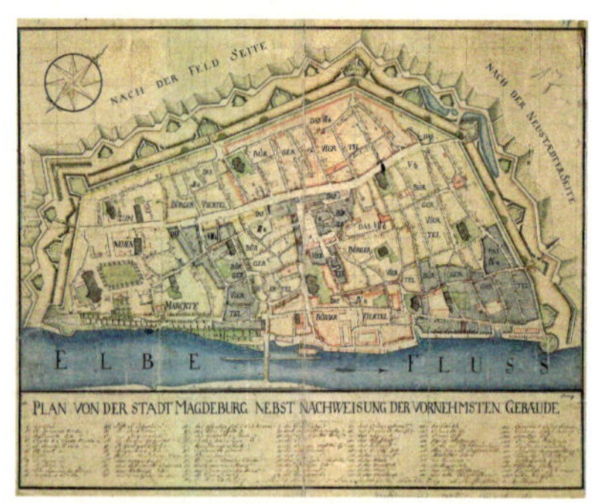

Ein alter Stadtplan von Magdeburg aus der Bibliothek

1 Betrachte die Bilder. Beschreibe, was du aus den historischen Quellen erfährst.

2 Sucht eine historische Quelle. Stellt Fragen dazu und forscht nach Antworten.

★ Was bedeutet das Wort „Zeitzeuge“? Lest im Lexikon oder im Internet nach.

Vielfalt historischer Quellen kennen lernen, z. B. alte Sachen aus der Familie

S. 16

Im Frühling

Woher hat der Löwenzahn seinen Namen?
Welche Pflanzen wachsen auf der Wiese?
Welche Tiere leben in der Wiese?

Die Wohnungen in der Wiese

Alles hängt miteinander zusammen:
1 Die Pflanzen entnehmen dem Boden Wasser und Nährstoffe. 2 Die Kreuzspinne fängt Insekten. 3 Das Tagpfauenauge ernährt sich vom Nektar der Wiesenblumen. 4 Die Raupen des Tagpfauenauges fressen die Blätter der Brennnessel. 5 Der Regenwurm frisst abgestorbene Wurzeln. 6 Der Igel frisst Regenwürmer und …

AH S.37, 38

S. 2

Bewohner der Wiese

Das Tagpfauenauge ist ein Bewohner der Wiese. Der Tagfalter ist an den vier Augenflecken auf seinen Flügeln gut zu erkennen. Schlägt er die Flügel plötzlich auf, will er seine Feinde täuschen: Zwei große „Augenpaare" schauen sie an. Faltet der Schmetterling die Flügel zusammen, sieht er aus wie ein dürres Blatt, denn die Unterseiten der Flügel sind schwarz. Auf dunklem Untergrund ist er dann kaum zu sehen. So ist er gut getarnt und dadurch geschützt.
Ein Tagpfauenauge verwandelt sich dreimal.

1 Das Weibchen legt Eier auf Brennnesselblättern ab. Sie dienen den geschlüpften Raupen als Nahrung.

2 Nach einigen Tagen schlüpfen die Raupen. Sie fressen und wachsen. Wird ihre Haut zu eng, häuten sie sich.

3 Nach etwa 14 Tagen spinnen sich die Raupen in einen langen Faden ein. Nun nennt man sie Puppen.

4 Zwei Wochen später schlüpft aus der Puppe ein Schmetterling. Er ernährt sich von Blütennektar.

Der Regenwurm wohnt im „Keller" der Wiese. Frisst er sich durch den Boden, entstehen lange Gänge. So wird der Boden aufgelockert und durchlüftet. Das ist gut für die Pflanzen. Der Regenwurm ernährt sich von alten Blättern und abgestorbenen Wurzeln. Sein Kot enthält viele Nährstoffe für Pflanzen. Woher sein Name kommt, ist unklar. Die einen sagen, weil wir bei Regen viele Regenwürmer an der Erdoberfläche sehen. Andere meinen, weil man den Regenwurm in früherer Zeit den „regen Wurm" nannte.

Regenwürmer im Boden

- Schichtet dunkle und helle Erde in ein Glas. Legt Laub- oder Salatblätter obenauf. Gebt einige Regenwürmer hinein. Haltet die Erde etwas feucht.
- Stellt das Glas in einen Karton mit Luftlöchern. So sind die Würmer im Dunkeln – wie im Boden.
- Schreibt eure Beobachtungen auf.
- Bringt die Regenwürmer nach einer Woche wieder ins Freie.

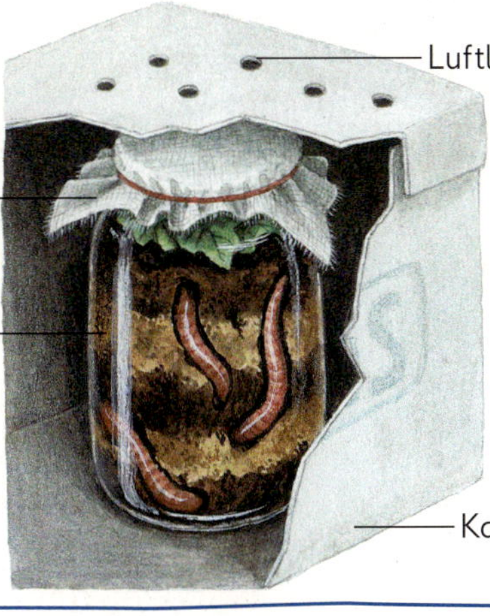

Wiesenpflanzen mit Tiernamen

Der Löwenzahn soll seinen Namen wegen der spitz gezahnten Blätter bekommen haben. Sie erinnern wirklich an die Zähne eines Löwen. Die Pflanze wächst fast überall, sogar zwischen Steinen. Sie lässt Wiesen im Frühling erst gelb und dann weiß leuchten. Während die ersten Früchte mit ihren weißen „Fallschirmen“ umherschwirren, treibt die Pflanze schon wieder neue gelbe Blüten.

Der Wiesen-Storchschnabel hat schnabelförmige Früchte, die einem Storchenschnabel ähneln. So bekam er seinen Namen. Während der Blütezeit von Mai bis August sieht man die Pflanze blauviolett auf Wiesen leuchten. Wiesen-Storchschnabel und Löwenzahn werden auch als Heilpflanzen genutzt.

1 Betrachte die Fotos. Beschreibe sie.

2 Erforscht: Woher hat das Gänseblümchen seinen Namen?

3 Sucht auf der Wiese verschiedene Gräser und bunte Blütenpflanzen. Gestaltet eine Ausstellung.

★ Die Farbspiele einer Wiese könnt ihr auf Fotos festhalten.

Wiesenpflanzen unterscheiden, deren Namen benennen; Artenkenntnisse erweitern; Pflanzen sammeln, ausstellen

S. 5

Wiesenpflanzen betrachten und zeichnen

Schon zeitig im Frühjahr blüht der erste Löwenzahn. In dem großen Blütenkorb hat er viele kleine gelbe Zungenblüten.

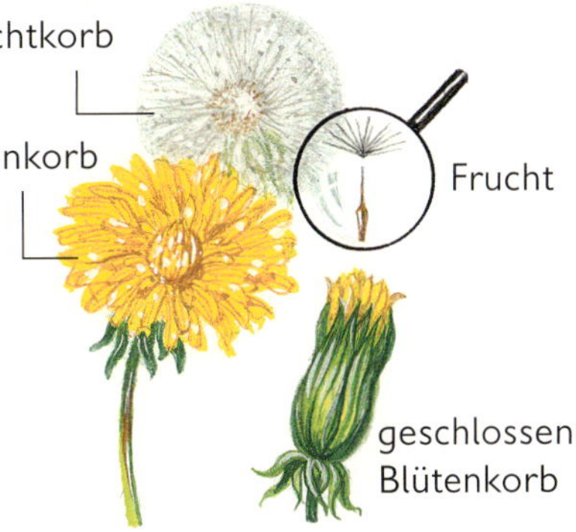

Der Blütenkorb wird zur „Pustekugel". Die Flugkörper der Samen sehen aus wie kleine Fallschirme. Ein Windhauch trägt sie fort.

Wiesenpflanzen zeichnen

Betrachte die Pflanze:

- Wie ist sie gewachsen – länglich, buschig ...?
- Wie sehen die Teile aus?
  Der Stängel: verzweigt, nicht verzweigt ...?
  Die Blattform: länglich, rund, eiförmig ...?
  Der Blattrand: gesägt ...?
  Die Blüte: eine, mehrere ...?

Wiesen-Storchschnabel

Ab Mai blüht die lichthungrige Pflanze. Verdunkelt sich der Himmel, schließen sich die Blüten und schützen so Nektar und Blütenstaub vor Regen.

Im „Storchschnabel" bildet sich die Frucht. Werden die reifen Früchte nur leicht berührt, springen sie auf und schleudern ihre Samen heraus.

Mäuse-Gerste

Ährchen

Rispengras

Rotklee

Spitzwegerich

Mit dem Bestimmungsbuch arbeiten – ein Herbar anlegen

Wie du mit einem Bestimmungsbuch arbeiten kannst, ist darin beschrieben. Du kannst unterschiedlich vorgehen:

Du siehst eine blühende Pflanze und vermutest, es ist ein Gänseblümchen.

- Suche im Wörterverzeichnis den Namen. Sieh auf der angegebenen Seite nach. Stimmt deine Vermutung?

Du siehst auf der Wiese eine blühende Pflanze, die dir unbekannt ist.

- Wähle ein Bestimmungsbuch, das die Pflanzen nach Lebensräumen ordnet.
- Schlage den Abschnitt „Wiese“ auf.
- Vergleiche die abgebildete Pflanze genau mit der, die du gerade siehst.
- Hast du sie gefunden, lies dazu die Beschreibung.
- Merke dir den Namen.

In diesem Bestimmungsbuch sind Pflanzen nach ihrem Lebensraum geordnet.

Du kannst Pflanzen sammeln und herbarisieren. So kannst du vorgehen:

Sammeln

Auflegen und pressen

Aufkleben

Beschriften

Sammle keine geschützten Pflanzen!

Der Natur auf der Spur

Wie kommt der Regen in die Wolken?
Warum können Störche segeln?
Wie entsteht ein Feuer?

Wasser überall

Wasser in der Natur kann fest, flüssig oder gasförmig sein.
Das nennt man Zustandsformen des Wassers.

1 Betrachte das Bild. Beschreibe die einzelnen Wasserbilder.
Verwende auch diese Wörter.

Welle tragen fließen strömen rinnen Tropfen reinigen
abschleifen beschlagen Eis spritzen auflösen flüssig trinken
Regen fest Tomate Brunnen Flut rauschen Haut

Beispiele für Wasser in der Umwelt finden;
Zustandsformen des Wassers benennen

S. 2

Wasser verwandelt sich

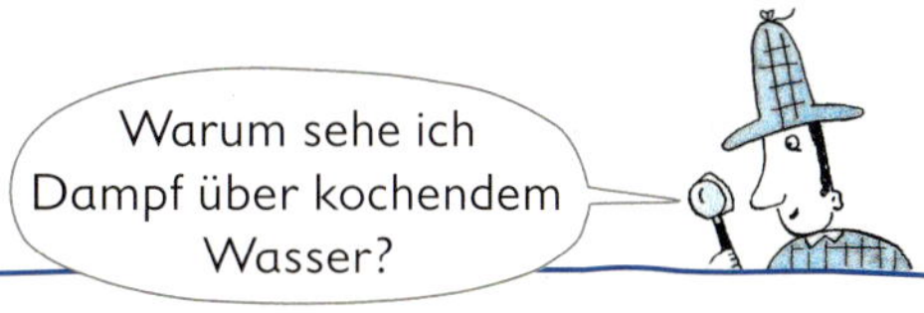

Wasser verwandelt sich

Ihr braucht:
- Eiswürfel, Brenner, Glasplatte, Becherglas, Ständer

Geht so vor:
- Orientiert euch an den Bildern.
- Schreibt ein Versuchsprotokoll.

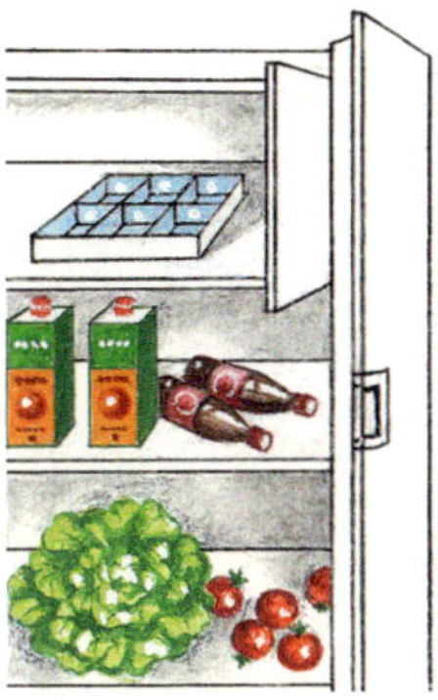

A Stellt Eiskugeln oder Eiswürfel her.

B Erhitzt das Becherglas.

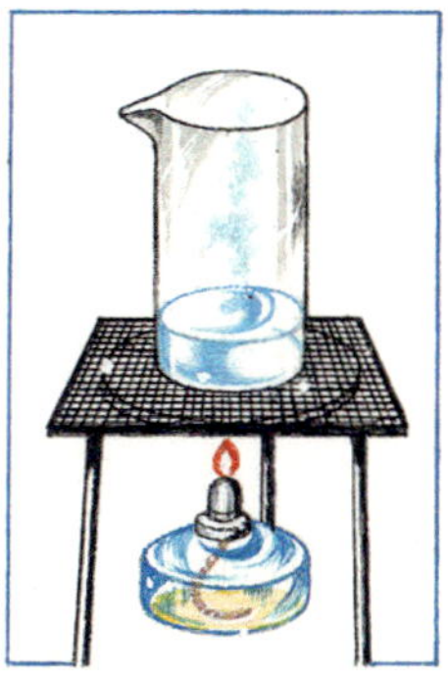

C Erhitzt das Becherglas weiter.

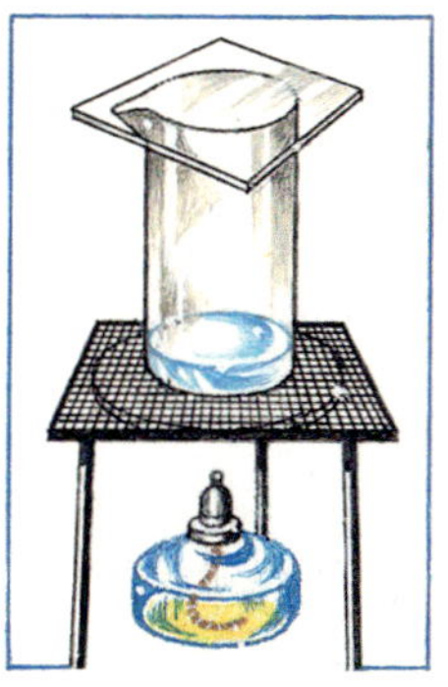

D Legt die Glasplatte auf das Becherglas.

Im Versuch wechselt das Wasser mehrmals seine Zustandsformen:

A Unter 0 °C erstarrt Wasser zu Eiskristallen, es wird fest.

B Über 0 °C schmilzt Wasser wieder, es wird flüssig.

C Bei 100 °C siedet Wasser und verdampft. Es wird gasförmig und schwebt als unsichtbarer Wasserdampf in der Luft.

D Kühlt der gasförmige Wasserdampf ab, bilden sich an der Glasplatte Tröpfchen. Aus Wasserdampf wird wieder flüssiges Wasser. Der Vorgang heißt: Kondensieren.

Versuchsprotokoll

- Findet eine Überschrift.
- Schreibt eine Vermutung zum Ergebnis auf.
- Notiert das Material.
- Skizziert den Versuchsaufbau.
- Führt den Versuch durch. Notiert eure Beobachtungen.
- Wertet das Ergebnis aus.

1 Formuliere mit Hilfe der Übersicht, was euer Versuch gezeigt hat.

Der Kreislauf des Wassers

Niederschlag erzeugen

- eine Pflanze längere Zeit unter Glas lassen
- beobachten

Eine Quelle fließen lassen

- Plastikflasche mit der Schere zuschneiden
- mit Lehm, Kies, Sand und Gartenerde füllen
- in eine Schale stellen
- Wasser hineingießen
- beobachten

Am Schaubild arbeiten

- Betrachte das Bild.
- Beginne an einer Stelle zu lesen.
- Folge den Pfeilen und lies weiter.
- Beschreibe den Kreislauf. Nutze dabei die Erklärungen.

AH S.40, 41

S.2

Wasser verdunsten lassen

Teller 1
in der Sonne

Teller 2
im Schatten

- je eine halbe Tasse Wasser in 2 Teller gießen
- nach 2 Tagen nachsehen

Erklär mal was

- ein Flasche halb voll mit Wasser füllen und 2 Stunden im Kühlschrank kühlen
- die Flasche auf den Tisch stellen, nach 15 Minuten anheben

Ist die Flasche undicht?
Schreibe deine Erklärung auf.

Ist eine leere Flasche wirklich leer?

1 Wenn du leere Pfandflaschen zum Supermarkt zurückbringst, trägst du dann wirklich leere Flaschen zurück? Was vermutest du?

Leere Flasche – volle Flasche

Ihr braucht:

- 1 leere Flasche, 1 Trichter, Knetgummi, Gefäß mit Wasser, 1 große Schüssel

Geht so vor:

Versuch 1

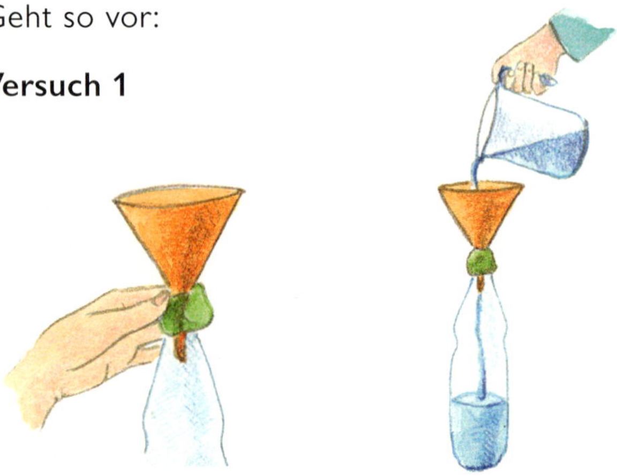

Setze den Trichter auf die leere Flasche. Dichte den Trichter am Flaschenhals gut mit Knetgummi ab.

Fülle die Flasche mit Wasser. Beobachte, was beim Hineingießen passiert. Schreibe deine Beobachtung genau auf.

Versuch 2

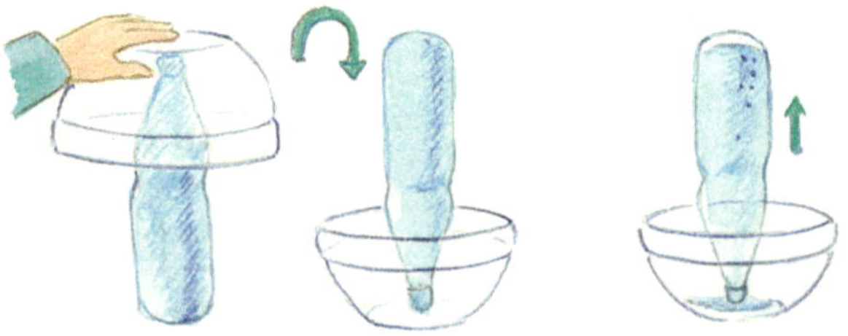

Stelle eine volle Wasserflasche auf dem Kopf in eine Schüssel. Halte die Flasche gut fest.

Beobachte, was passiert, wenn du die Flasche etwas anhebst. Schreibe deine Beobachtung auf.

Die Luft ...
Das Wasser ...

2 Wie gießt man am besten Getränke aus einem Tetrapack mit Verschluss aus?

Experimente zum Thema „Luft nimmt Raum ein" durchführen, dabei die experimentelle Methode anwenden

AH S.43

Warum können Störche segeln?

1 Warum können viele Vögel lange Zeit in der Luft segeln, ohne mit den Flügeln zu schlagen? Was vermutest du?

Warum Störche segeln können

Ihr braucht:
- 1 Luftballon, 1 Haarföhn

Geht so vor:

Puste einen Luftballon auf, bis er einen Durchmesser von ungefähr 20 cm hat. Verknote die Öffnung.

Schalte den Föhn auf „Kalt“ in der höchsten Stufe ein. Halte den Föhn senkrecht nach oben.

Ein Helfer hält den Luftballon über den Luftstrom und lässt den Ballon dann behutsam los.

Bewege den Föhn hin und her. Halte dann eine Hand in den Luftstrom. Was beobachtest du?

Die Vögel gleiten und kreisen mit ausgebreiteten Flügeln ...

2 Welcher Papierflieger segelt länger?

Die Aufgaben des Bodens

Im Boden leben Tiere, wie der Regenwurm.

Der Boden ist die obere Schicht der Erdkruste. Seine Poren sind mit Luft oder Wasser angefüllt. In diesen Hohlräumen leben zahlreiche Lebewesen: Amöben, Milben, Asseln, Regenwürmer … In selbst gegrabenen Gängen leben größere Tiere, wie Mäuse oder Maulwürfe.

Der Boden speichert Regenwasser.

Der Boden ist ein Wasserspeicher. Wie ein Schwamm nehmen die Bodenporen das Regenwasser auf. Der Rest des Wassers versickert. Es lagert sich über undurchlässigen Bodenschichten als Grundwasser ab.

Der Boden nimmt Schadstoffe auf.

Luft enthält Schadstoffe, wie Staub aus Fabrikschornsteinen oder Autoabgase. Mit dem Regen gelangen sie in den Boden. Hier werden die Schadstoffe festgehalten und teilweise in unschädliche Stoffe umgewandelt. Man sagt deshalb: Der Boden ist ein Schadstofffilter.

Der Boden ist unsere Lebensgrundlage.

Der Boden ist die Lebensgrundlage für uns Menschen. Wir nutzen den Boden für den Anbau von Pflanzen. Auf dem Boden weiden unsere Haustiere. Pflanzen und Tiere sind eine wichtige Grundlage für die Herstellung unserer Nahrungsmittel.

Der Boden ist ein Schatz.

Pflanzen nehmen über ihre Wurzeln Wasser und darin gelöste Nährstoffe aus dem Boden auf. Sie brauchen die Nährstoffe zum Wachsen und Blühen. Die Wurzeln halten die Pflanzen auch an ihrem Standort fest.

Der Boden lässt Pflanzen wachsen.

Bodenschätze sind wertvoll. Hier wird Kies im Tagebau abgebaut.

Bodenschätze haben sich über Millionen von Jahren im Boden abgelagert. Dazu gehören zum Beispiel:

- Erze, wie Eisen, Kupfer, Gold, Silber
- Brennstoffe, wie Kohle, Erdöl, Erdgas
- Minerale, wie Kies, Ton oder Edelsteine, wie Diamant und Rubin

Der Boden ist Bauland: Darauf werden Fabriken und Häuser gebaut. Neue Straßen zerschneiden oft wertvolle Böden. Menschen legen aber auch Parkanlagen und Gärten an. Wir müssen den Boden als wertvolles Gut auch für die Zukunft erhalten.

Der Boden ist Bauland.

Ein Fundstück aus dem Boden zum Aufbewahren von Lebensmitteln.

Archäologen suchen im Boden nach Spuren unserer Vorfahren. Aus diesen Fundstücken können sie „lesen", wie die Menschen lebten, was sie handwerklich konnten oder wie sie sich ernährt haben.

1 Forscht nach, welche Bodenarten es auf eurem Schulgelände gibt. Beschreibt die Bodenproben genau.

★ Überlege dir ein Experiment zur Frage: Ist Luft im Boden?

Wir müssen ihn schützen.

Brennen und löschen

Damit ein Feuer entstehen kann, müssen drei Bedingungen erfüllt sein:

Der Brennstoff muss auf eine Entzündungstemperatur erwärmt werden. Bei Holz liegt sie zum Beispiel bei 300 °C. Das kann durch ein brennendes Streichholz geschehen.

Sauerstoff aus der Luft muss hinzukommen.

Es muss Brennstoff vorhanden sein, zum Beispiel das Wachs einer Kerze oder Holz.

Will man ein Feuer löschen, muss man mindestens eine Brandbedingung beseitigen:

Brennendes Papier kann einfach mit Wasser gelöscht werden. Das setzt die Entzündungstemperatur herab.

Ein Feuer im Kamin erlischt, wenn kein Feuerholz mehr nachgelegt wird. So wird dem Feuer der Brennstoff entzogen.

Brennendes Öl in einer Pfanne muss mit Kochdeckeln oder einer Decke erstickt werden. Dadurch wird dem Feuer der Sauerstoff entzogen.

1 Notiert, wie ihr euch im Brandfall in der Schule verhaltet.

★ Gestaltet ein Plakat: Regeln zum Umgang mit Feuer.

Es brennt – die Feuerwehr hilft

Die Feuerwehr hat vier Aufgaben:
Retten, Löschen,
Bergen, Schützen.

Löschen ist die älteste Aufgabe der Feuerwehr. Wird sie zu einem Einsatz gerufen, müssen die Feuerwehrleute den Brand richtig einschätzen. Nur so können sie ihn erfolgreich bekämpfen. Dazu gehört es, das richtige Löschmittel zu wählen: Wasser, Löschschaum oder Löschpulver.

Die Feuerwehrleute versuchen den Brand nicht nur zu löschen, sondern auch Begleitschäden gering zu halten. Zum Beispiel: Rauch macht Gegenstände unbrauchbar. Löschwasser zerstört Möbel, Tapeten oder den Fußboden. Deshalb wird das Wasser möglichst gezielt eingesetzt.

Richtiges Verhalten bei einem Brand kann Leben retten und Schäden verhindern. Wer einen Brand entdeckt, muss diese Reihenfolge einhalten: Alarmieren – Retten – Löschen.

Alarmieren

- Bei der Meldung eines Brandes sind folgende Schritte nötig:

☎ 112:
Nummer wählen,
den Namen sagen

1. Wo brennt es?
2. Was ist passiert?
3. Wie viele Verletzte?
4. Welche Verletzungen?
5. Warten auf Rückfragen

- Gefährdete Personen verständigen

Retten

- Bei einem Brand gilt: Fenster schließen, Raum verlassen, Türen schließen.

- Ein brennendes Gebäude sofort über die Fluchtwege verlassen (Nie den Aufzug benutzen!)

- Ist das Treppenhaus oder der Flur verraucht, im Zimmer bleiben, Türen abdichten und am geöffneten Fenster auf die Feuerwehr warten

Löschen

- Einen kleinen Brand eindämmen: z.B. mit Decken, feuchten Tüchern oder einem Handfeuerlöscher

Begib dich beim Löschen nicht in Gefahr.
Gehe kein Risiko ein!

- Eintreffende Feuerwehr einweisen

1 Übt im Rollenspiel, wie ihr einen Brand meldet.

2 Begründet die Reihenfolge: Alarmieren – Retten – Löschen.

Einen Experten befragen

Vorbereitung einer Befragung

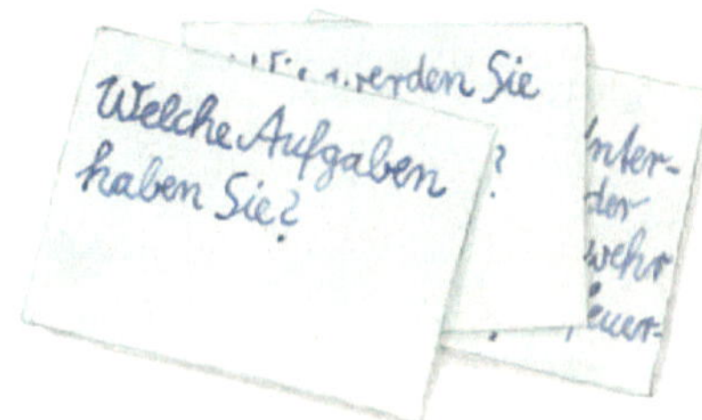

- Schreibe deine Fragen auf einzelne Karten.
- Bringe sie in eine sinnvolle Reihenfolge.
- Überlege, wie du die Antworten festhalten willst.
- Befrage eine Person, die gut Bescheid weiß. Das ist dein Experte.

Durchführung

- Stelle deine Fragen.

- Seit wann sind Sie bei der freiwilligen Feuerwehr?

Seit dem 12. Lebensjahr war ich in der Arbeitsgemeinschaft junger Brandschutzhelfer. Einmal in der Woche trafen wir uns. Weil bei der Feuerwehr viel mit Seilen gearbeitet wird, haben wir Knoten geübt. Und natürlich auch gelernt, was beim Löschen eines Feuers alles zu beachten ist.

- Welche Aufgaben haben Sie?

Ich habe viele Lehrgänge besucht. Heute kann ich als Kraftfahrer und Maschinist eingesetzt werden. Ich fahre das Löschfahrzeug zum Einsatzort. Am Einsatzort bediene ich als Maschinist die Pumpen und Stromaggregate.

- Hat die freiwillige Feuerwehr andere Aufgaben als die Berufsfeuerwehr?

Nein, wir haben die gleichen Aufgaben. Auch wir sind für ein bestimmtes Gebiet verantwortlich. Bei größeren Unglücksfällen werden die Feuerwehren der benachbarten Orte oder die nächste Berufsfeuerwehr zusätzlich angefordert.

- Aber von Beruf sind Sie doch Landwirt, oder?

Ja, das ist richtig. Meine Arbeit bei der freiwilligen Feuerwehr ist ehrenamtlich. Ich mache sie in meiner Freizeit.

- Wie werden Sie alarmiert?

Im Ort wird die Brandsirene betätigt oder ich werde über einen Funk-Pieper alarmiert. Dann muss ich meinen Arbeitsplatz sofort verlassen und zur Feuerwache eilen.

Abschluss

- Überprüfe: Sind alle deine Fragen beantwortet?

Auswertung

- Welche Ideen habt ihr?

Wusstest du schon …

…, dass Luft Kraft hat?
…, dass die erste Frau mit Doktortitel eine Sachsen-Anhaltinerin war?
…, dass Pflanzen Mineralsalze aus dem Boden aufnehmen?

Die Magdeburger Halbkugeln

Otto von Guericke wollte beweisen, dass Luft Kraft hat und wie stark der Druck der Luft ist. Dazu überlegte er sich einen Versuch: Er ließ zwei Halbkugelschalen aus Metall anfertigen. An den Halbkugeln befanden sich Silberringe zum Befestigen starker Seile. Außerdem ein Ventil zum Abpumpen der Luft und Dichtungsringe aus Leder.

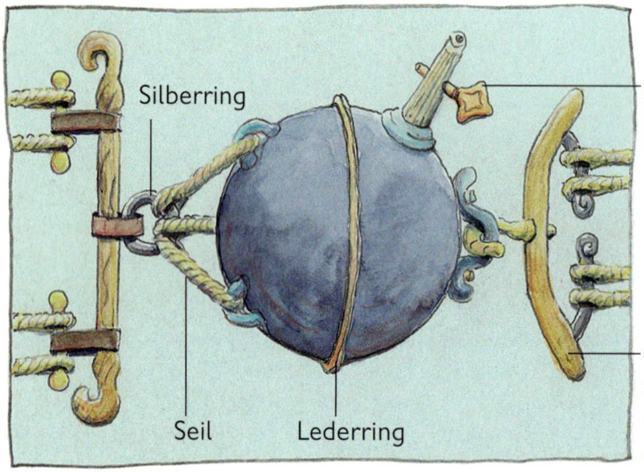

Otto von Guericke
Geboren am 20. November 1602 in Magdeburg
Gestorben am 11. Mai 1686 in Hamburg

Otto von Guericke studierte an Universitäten in Leipzig und Jena. In seiner Heimatstadt Magdeburg wirkte er als Wissenschaftler und Politiker. So war er als Ratsherr, Diplomat und als Bürgermeister in Magdeburg tätig. Als Wissenschaftler untersuchte Otto von Guericke in vielen Experimenten die Wirkung von Luft. Berühmt wurde er durch den Versuch mit den Magdeburger Halbkugeln. 1656 versetzte er damit die Menschen in seiner Heimatstadt in Staunen.

Und so startete das Experiment:
Die Halbkugeln wurden fest aneinandergesetzt. Männer pumpten mit einer speziellen Pumpe die Luft aus dem Hohlraum der Kugel. Dafür benötigten sie etwa acht Stunden. Dann wurden an den Ringen die Seile befestigt und auf jeder Seite acht Pferde angespannt. Auf Kommando liefen die Pferde los. Aber so sehr sie auch zogen, es gelang ihnen nicht, die Kugel auseinanderzuziehen. Erst als ein Kind das Ventil öffnete, fielen die beiden Kugelhälften auseinander.

Erklärung:
Der Luftdruck von außen drückt die Kugelhälften zusammen. Der Gegendruck der Luft aus dem Inneren der Kugel fehlt. Nach dem Öffnen des Ventils strömt wieder Luft hinein.
Jetzt drückt die Luft auch von innen auf die Kugelhälften. Sie fallen auseinander.

1 Finde eine Erklärung für diesen Versuch: →

S. 2

Verborgene Schätze

„Schätze“ ausgraben

- Mehrere Gruppen vergraben an je einer Stelle auf dem Schulhof einen Apfel, Trinkgläser, einen Holzlöffel und Plastikfiguren. Das ist eure spätere Ausgrabungsparzelle.
- Sucht vier Wochen später in eurer Ausgrabungsparzelle die vergrabenen Schätze. Hebt mit einer Kelle vorsichtig den Boden ab. Säubert die gefundenen Sachen mit dem Pinsel.
- Was habt ihr gefunden? Stellt die Fundstücke aus.

Schmuckstück
Fundort: Tagebau Profen

Würfel
Fundort: Halle

So ähnlich wie ihr arbeiten auch Archäologen. Das sind Wissenschaftler, die Ausgrabungen vornehmen. Sie aber suchen nach Sachen, die oft tausend und mehr Jahre alt sind. Archäologen vermessen das Gelände, das sie untersuchen wollen, gehen bei ihren Ausgrabungen sehr sorgfältig vor, schreiben alles genau auf, stellen die Funde aus oder veröffentlichen die Ergebnisse in Büchern. Durch die Fundstücke wissen wir, wie Menschen in der Vergangenheit lebten.

Gefäß
Fundort: Dessau

Ein Sachsen-Anhaltiner ist der „Urvater“ der wissenschaftlichen Archäologie. Johann Joachim Winckelmann beschäftigte sich mit antiken Kunstschätzen. Er legte Verzeichnisse seiner Funde an, schrieb zahlreiche Bücher und berichtete der Fachwelt von seinen Entdeckungen. Durch seine Arbeiten bildeten sich die Archäologie und die Kunstgeschichte als Wissenschaften heraus, in denen geforscht und auch gelehrt wird.
In Stendal gibt es heute das Winckelmann-Museum.

Johann Joachim Winckelmann
Geboren am 9. Dezember 1717
in Stendal
Gestorben am 8. Juni 1768
in Triest

1 Informiert euch im Internet über das Kindermuseum Stendal.

Die erste Frau mit Doktortitel

Dorothea war als Kind zart und oft kränklich. Um sie etwas abzulenken, nahm der Vater, ein angesehener Arzt, sie mit in den häuslichen Unterricht seines Sohnes. Mädchen lernten in der damaligen Zeit meist nur Lesen und Schreiben. Dorotheas Vater wollte sie als Mädchen aber nicht benachteiligen. So erhielt Dorothea auch privaten Unterricht vom Rektor und Konrektor des Quedlinburger Gymnasiums. Bald kannte sie sich aus in Latein und in den Naturwissenschaften.

Dorothea Erxleben
Geboren am 13. November 1715 in Quedlinburg
Gestorben am 13. Juni 1762 in Quedlinburg

Dorothea begleitete ihren Vater bei seinen Krankenvisiten und erwarb dabei umfangreiches medizinisches Wissen. Sie hoffte, Medizin studieren zu können.
Doch das durften Frauen in dieser Zeit nicht.
Dorothea wandte sich deshalb an den preußischen König Friedrich II., der ihrer Bitte zustimmte.
Aber sie konnte das Studium nicht beginnen. Ihre Kusine starb und hinterließ ihren Mann mit fünf Kindern.
Dorothea mochte den Pfarrer sehr und heiratete ihn.
So war sie nun Mutter, Haushaltsführerin und Pfarrfrau.

Denkmal der Dorothea Erxleben

Dorothea Erxleben bekam selbst noch vier Kinder.
Und obwohl der Haushalt so groß war, kümmerte sie sich weiterhin um Pflegebedürftige und Kranke.
Als ihr Vater starb, übernahm sie sogar dessen Praxis.
Sie war eine gute Ärztin.
Der Kreis ihrer Patienten wurde immer größer.
Aber von den Ärzten der Stadt wurde ihre Arbeit nicht gern gesehen. Sie zeigten Dorothea sogar wegen Kurpfuscherei an. Das konnte sie jedoch widerlegen.
Dorothea ging mutig und voller Elan ihren Weg weiter.
Sie schrieb ihre Doktorarbeit und reichte diese der Universität in Halle ein. Dort legte sie 1754 als erste deutsche Frau ihr medizinisches Examen ab und erhielt den Titel Doktor der Medizin.
Erst über 150 Jahre später durften Frauen an Universitäten in Deutschland Medizin studieren.

1 Begründe, warum in Quedlinburg ein Denkmal der Dorothea Erxleben steht.

Pflanzen brauchen Nährsalze

Was wir heute wissen:
Pflanzen entnehmen dem Boden mit den Wurzeln Nährstoffe in gelöster Form. Sind die Nährstoffe aus dem Boden aufgebraucht, wächst die Pflanze spärlicher oder wird sogar krank. Um dem Boden wieder Nährstoffe zuzusetzen, wird er gedüngt.

Pflanzen brauchen für ein gesundes Wachstum mindestens dreizehn mineralische Nährstoffe.
Sie sind in Düngemitteln für Pflanzen enthalten.
Wenn wir Pflanzen in Hydrokultur halten, also nur in Wasser, dann müssen dem Wasser unbedingt Nährstoffe zugesetzt werden.

1 Lies auf einer Flasche mit Pflanzendünger nach, welche Nährstoffe in der Lösung enthalten sind.

Adolph Frank
Geboren am 20. Januar 1834
in Klötze
Gestorben am 30. Mai 1916
in Berlin

Er war ein erfolgreicher Wissenschaftler, Erfinder und Unternehmer.

Was Adolph Frank vor 150 Jahren entdeckte:
In Deutschland gab es verheerende Hungersnöte, weil nur wenig Feldfrüchte und Getreide geerntet wurden. Adolph Frank, ein gelernter Apotheker, vermutete, dass daran nicht nur das schlechte Wetter schuld sei. Für die schlechte Ernte könnte auch der nährstoffarme Boden verantwortlich sein.
Adolph Frank wollte die Landwirtschaft fördern.
Er probierte Salze, die als Bodenschätze bei Staßfurt lagerten, als Düngemittel aus. Die landwirtschaftlichen Erträge verbesserten sich deutlich. Er erschloss daraufhin die Salzlager bei Staßfurt und Leopoldshall und schuf so einen neuen Industriezweig: die Kali-Industrie.
Aus den Staßfurter Kaliwerken wurde das Düngemittel sogar nach Amerika ausgeführt. Kalisalze sind auch in heutigen Düngemitteln für Zimmerpflanzen enthalten.

2 Erkundet: Wo wird heute in Sachsen-Anhalt noch Kali abgebaut?

Recherche im Internet

Schritt 1: Was will ich wissen?

- Was sind Magdeburger Halbkugeln?

Schritt 2: Welche Suchtechniken helfen mir?

- Du kannst eine konkrete Internetadresse eingeben.
- Oder du nutzt eine Suchmaschine für Kinder. Hier findest du einige Adressen.

Beispiele für Suchmaschinen

www.blinde-kuh.de
www.helles-koepfchen.de
www.kindernetz.de
www.milkmoon.de

Schritt 3: Welche Suchwörter gebe ich ein?

- Du suchst in deiner Frage die wichtigsten Wörter: Magdeburger Halbkugeln.
- Du schreibst diese Suchwörter ein und klickst auf „Suchen".

Schritt 4: Wie gehe ich mit den Suchergebnissen um?

- Du wählst gezielt ein Suchergebnis aus und klickst es an.
- Erscheint die Seite, prüfst du: Beantworten die Informationen meine Frage?
- Reichen dir die Informationen nicht aus, wählst du ein weiteres Suchergebnis.

Schritt 5: Wie werte ich die Informationen aus?

- Die Angaben müssen deine Frage beantworten. Du kannst dir interessante Angaben ausdrucken.

Beachte: Jeder kann Informationen ins Internet stellen, ob richtig oder falsch. Prüfe, woher Informationen kommen. Lies auch in Sachbüchern nach oder frage Experten.

Von Pflanzen, Tieren und Menschen

Was brauchen Pflanzen zum Leben?
Wie unterscheiden sich Haustiere?
Wie schützen wir Pflanzen und Tiere?

Was Pflanzen zum Leben brauchen

Feuerbohnen klettern an Stangen, Zäunen oder Rankgerüsten empor. Sie werden im Mai ausgesät. Dann ist die Erde schon so warm, dass die Samen quellen und keimen können. Jeweils 6 bis 8 Samen werden in eine 3 cm tiefe Rille um jede Stange gelegt. Schon nach einigen Tagen sind die Pflänzchen zu sehen. Sie brauchen reichlich Feuchtigkeit und werden mit Kompost gedüngt. Später ragen die Feuerbohnen bis zu zwei Meter in die Höhe, dienen als Sichtschutz oder bieten pflanzlichen Nachbarn einen guten Windschutz.

Radieschen können schon ab März unter einem wärmenden Folientunnel ausgesät werden, im Freiland etwas später. Die Rillen sollten 1 cm tief sein und die Samen in 5 cm Abstand gelegt werden. Dann haben die Pflänzchen ausreichend Platz zum Wachsen. Radieschen gedeihen auf allen Böden, wenn sie genügend Wasser bekommen. Vier bis sechs Wochen nach der Aussaat kannst du sie ernten. Versuche es: Radieschen gedeihen auch in einem großen Blumentopf, zum Beispiel auf dem Balkon oder auf der Terrasse. Ganz frisch schmecken sie besonders gut.

Die Grünlilie wächst im Blumentopf auf dem Fensterbrett. Sie liebt helle, luftige und etwas sonnige Standorte. Man kann Grünlilien reichlich gießen. Nur wenn sie kühl stehen, sollte etwas weniger gegossen werden. Ab und zu sollte man sie düngen. Wenn der Blumentopf voller Wurzeln ist, muss die Pflanze in einen größeren Topf umgetopft werden.

1 Beobachte eine Pflanze auf dem Schulgelände oder im Schulgarten. Vermute, was sie zum Wachsen braucht.

2 Stellt in einer Übersicht zusammen, welche Zimmerpflanzen in eurer Schule wachsen und welche Pflege sie brauchen.

Verschiedene Wachstumsbedingungen von Pflanzen kennen
und bei deren Pflege berücksichtigen

Alle Pflanzen brauchen zum Wachsen Nährstoffe aus dem Boden. Da die Wurzeln die Nahrung aber nur flüssig aufnehmen können, muss genügend Wasser im Boden gespeichert sein.
Es gibt verschiedene Bodenarten. Durch manche sickert Wasser schnell hindurch, andere halten es länger fest.
Luft, Wärme und Lichtenergie sind für Pflanzen lebensnotwendig. Damit stellen die Pflanzen Stoffe her, die sie zum Wachsen und zum Leben brauchen.
So können sie atmen, ihre Blätter zum Licht drehen oder sich vermehren.

3 Erläutere mit Hilfe der Abbildung, was Pflanzen zum Leben brauchen.

4 Warum können Pflanzen in Hydrotöpfen wachsen?

★ Pflege eine Pflanze im Hydrotopf.

Was brauchen Zimmerpflanzen?

- Lies nach und befrage Fachleute.
  - Welche Gefäße sind geeignet?
  - Welcher Boden ist geeignet?
  - Welcher Standplatz bietet genug Licht?
  - Wie viel darf gegossen werden?
  - Wie oft und womit wird gedüngt?
  - Wann soll umgetopft werden?
- Notiere deine Erfahrungen in einem Pflanzenpflegeheft.

Wie Feuerbohnen keimen und wachsen

Material:
- 3 Blumentöpfe
- 12 Feuerbohnensamen

Topf 1
im kalten Keller
(5 °C – 7 °C)

Topf 2
im kühlen, ungeheizten Zimmer
(14 °C)

Topf 3
im geheizten Zimmer
(21 °C)

Vorgehen:
- Je 4 Feuerbohnen aussäen
- Alle Töpfe brauchen gleichmäßig Licht und Feuchtigkeit

Beobachte zwei Wochen lang. Notiere die Ergebnisse.

Haustiere miteinander vergleichen

Tier

Körpergliederung

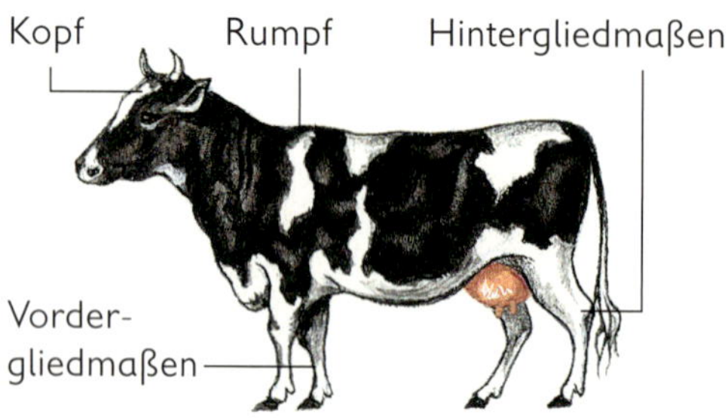

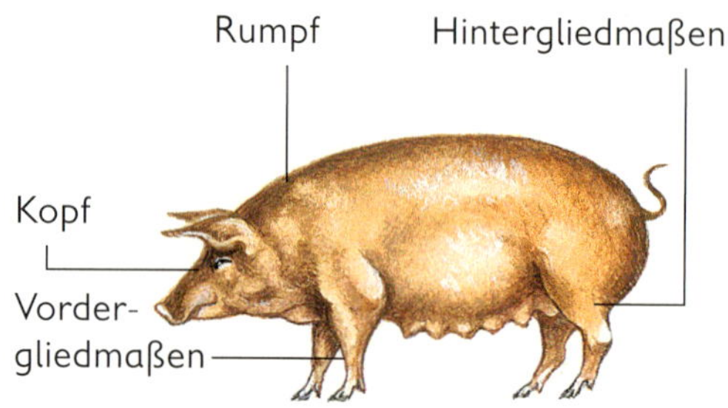

Körperbedeckung	Haarkleid	Haarkleid
Ernährung	*Pflanzenfresser:* Grünfutter, wie Gras, Klee, Rüben, Gärfutter	*Allesfresser:* Mischfutter, Rüben, Kartoffeln, Küchenabfälle; im Freien auch Regenwürmer, Engerlinge, Eicheln
Fortpflanzung	*Tierfamilie:* Kuh, Bulle, Kalb *Säugetier:* Jährlich kann ein Kalb geboren werden. Es wird gesäugt.	*Tierfamilie:* Sau, Eber, Ferkel *Säugetier:* Zweimal jährlich können 6–12 Ferkel geboren werden. Sie werden gesäugt.
Haltung	*Sommer:* Herde auf Weiden, teilweise auch in Ställen *Winter:* in sauberen, hellen Ställen	Ställe mit Schweinekoben, teilweise mit Auslauf
Nutzung	Milch, Fleisch, Haut, Fell, Knochen, Horn, Haare, Dung	Fleisch, Haut, Knochen, Haare, Dung

1 Welche Haustiere hast du schon einmal beobachtet? Erzähle davon.

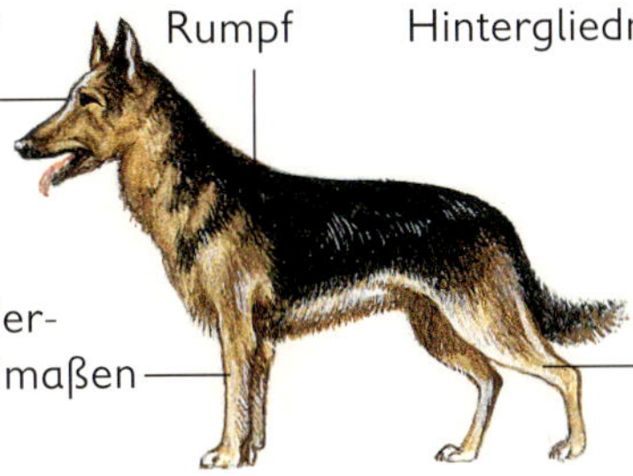	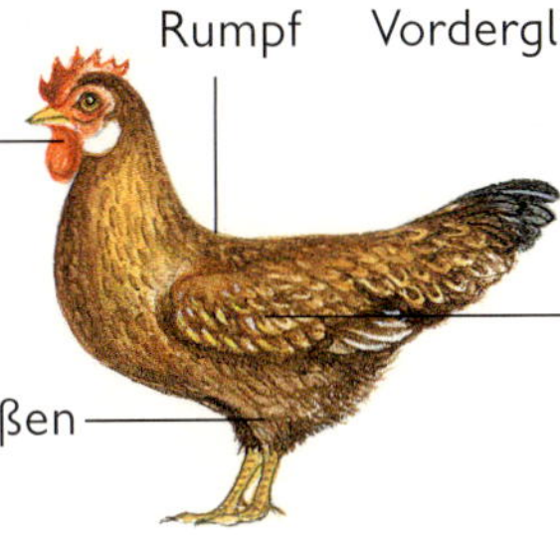
Haarkleid	Federn
Fleischfresser: Fleisch, gelegentlich Gras	*Allesfresser:* Mischfutter; im Auslauf auch Würmer, Raupen, Käfer, Kleingetier, Samen und Körner
Tierfamilie: Hündin, Rüde, Welpe *Säugetier:* Zweimal jährlich können 3–10 Welpen geboren werden. Sie werden gesäugt.	*Tierfamilie:* Henne, Hahn, Küken *Vogel:* Die Henne legt Eier. Als Glucke brütet sie 21 Tage ein Gelege von 12–15 Eiern aus.
Hundehütte mit Auslauf, kleine Hunde mit in der Wohnung	Hühnerstall mit Auslauf, Freiland- oder Bodenhaltung
Beschützer, Bewacher, Freund, Helfer	Eier, Fleisch, Federn

echte Glucke

elek-trische Glucke

falsche Glucke

2 Informiere dich über weitere Haustiere.
Lege eine Tabelle an.

Pflanzen und Tiere auf der Roten Liste

Diese Tiere und Pflanzen stehen in Sachsen-Anhalt neben vielen anderen auf der Roten Liste. Die Zahl am Namen sagt aus, wie stark die Art gefährdet ist.

Rebhuhn 2

Kornweihe 1

Feldgrashüpfer 2

Zwergspitzmaus 3

Kreuzkröte 2

Schwalbenschwanz 3

Ringelnatter 3

Klebriges Leimkraut 1

Kleines Knabenkraut 3

Gemeine Kuhschelle 2

Rapunzel-Glockenblume 4

Felsen-Goldstern 2

Ackergoldstern 3

Sand-Strohblume 3

Verschieden-blättrige Platterbse 1

Rote Liste gefährdeter Arten
Seit 1966 veröffentlicht die Weltnaturschutzunion (IUCN) Listen von Tier- und Pflanzenarten, die weltweit vom Aussterben bedroht sind. Auch Sachsen-Anhalt gibt solche Listen heraus und bringt sie ständig auf den neuesten Stand.

Für Pflanzen und Tiere auf der Roten Liste gibt es 5 Gefährdungsstufen.

0: ausgestorben oder verschollen
1: vom Aussterben bedroht
2: stark gefährdet
3: gefährdet
4: extrem selten, daher möglicherweise gefährdet

1 Diskutiert: Warum sind Roten Listen wichtig?

Warum ist der Feldhamster selten geworden?

- Moderne Erntemaschinen lassen kaum Körner auf dem Feld zurück. Dem Hamster fehlt Nahrung.
- Die Bewässerung der Felder setzt die Baue der Hamster unter Wasser.
- Sind die großen Ackerflächen freigeräumt, finden die Hamster kaum noch Schutz vor Feinden.

2 Informiert euch,
- wie der Feldhamster geschützt werden kann.
- warum man in Getreidefeldern keine Kornrade mehr sieht.

3 Was machen Biobauern, um Unkraut von ihren Feldern fernzuhalten?

S. 4

Wir schützen Pflanzen und Tiere

Warum müssen wir die Vielfalt der Pflanzen- und Tierwelt erhalten?
Auf der Erde sind etwa 1,7 Millionen Tierarten und 300 000 Pflanzenarten bekannt. Immer wieder entdecken Wissenschaftler neue Arten. Jedes Jahr sterben aber etwa 150 Arten aus, darunter auch Pflanzen, ohne die einige Tiere keine Nahrung mehr finden. Doch nur die Vielfalt der Pflanzen und Tiere erhält das Leben auf der Erde.

Fischotter gehören zu den vom Aussterben bedrohten Arten. Besonders gefährdet sind sie durch den Straßenverkehr.

Wie kann die Artenvielfalt erhalten werden?

Neben Industriewerken können Wildblumenwiesen wachsen.

Grünbrücken über Autobahnen helfen Menschen und Tieren.

Randstreifen an Feldern erhalten Wildkräuter und Tiere.

Artenschutz im Schulgarten – das können wir tun

Wildhecke
Blüten, Blätter und Holz sind Nahrung für Insekten. Spinnen, Vögel oder Fledermäuse jagen dort Insekten. Im Geäst brüten Vögel. Ihnen dienen die Früchte als Winterfutter. Im dichten Gebüsch suchen Laufkäfer, Blindschleichen und Igel Nahrung und Unterschlupf.

Meisennistkasten
Meisen sind Höhlenbrüter. Die Kästen werden bis Mitte März aufgehängt und im Herbst gereinigt.

Bienenhotel
In den Löchern der Kästen und in den Rohren finden Wildbienen Unterschlupf.

Lesesteinhaufen
Er bietet Laufkäfern, Spinnen, Schnecken, Eidechsen und anderen kleinen Tieren Unterschlupf.

Reisighaufen
Seine Zweige, Äste und das darüberliegende Laub sind das beste Winterquartier für Igel.

Blumenwiese
Sie lockt Schmetterlinge, Fliegen, Wildbienen und Hummeln an. Viele Vögel verstecken sich im hohen Gras.

1 Beratet: Was könnt ihr tun, um Tier- und Pflanzenarten zu erhalten?

Alles hängt zusammen – aber wie?

Wiesenpflanzen 1 und Kartoffelpflanzen 2 brauchen zum Leben Sonne, Wasser, Luft und Boden. Kühe 3 fressen Wiesenpflanzen und trinken Wasser. Ihre Milch wird in Molkereien 4 verarbeitet. Menschen trinken Milch und essen Milchprodukte. Kartoffeln 5 werden angebaut, im Herbst geerntet und eingelagert. Ein Teil wird in Betrieben 6 verarbeitet, ein Teil dient als Schweinefutter 7. Die Menschen essen Kartoffeln, aber auch Fleisch.

AH S. 48, 49

S. 2

Pflanzen und das Fleisch von Tieren werden in Betrieben [8] zu weiteren Lebensmitteln verarbeitet. Die Menschen kaufen Lebensmittel aus Pflanzen und Tieren in Märkten [9] und essen sie [10]. Sie trinken auch Wasser.

1 Betrachtet das Bild. Findet weitere Zusammenhänge. Sprecht darüber.

2 Schreibt Zusammenhänge auf und begründet eure Aussagen.

Einen Vortrag vorbereiten

Eine Mindmap (sprich: meindmäp) hilft dir, einen Vortrag vorzubereiten. Du kannst darin deine Gedanken und Ideen sammeln.
So kannst du sie aufbauen:

1 Stelle ein Thema in die Mitte.
2 Zeichne von dort Hauptäste ab. Schreibe darauf wichtige Arbeitsschritte.
3 Verzweige die Hauptäste. Auf die Zweige schreibst du Ideen zu den Arbeitsschritten.
4 Kleine Bildchen an den Zweigen dienen als Merkhilfe.

1 Lies die Mindmap im Uhrzeigersinn.
Besprich die Angaben mit einer Partnerin/einem Partner.

2 Bereitet nach den Ideen der Mindmap gemeinsam einen Vortrag vor.

Im Sommer

Wie verändert sich die Natur im Sommer?
Welche Getreidearten gibt es?
Welche Tiere leben im Getreidefeld?

Jedes Jahr im Sommer

Frühsommer

Frühsommer

Frühsommer

Im Sommer kannst du beobachten, wie sich die Natur verändert. Welche Pflanzen siehst du jetzt häufig? Wie verhalten sich die Tiere?
An Straßen und in Parks umschwärmen Bienen die nektarhaltigen Blüten der Sommerlinden. Bald wird der Imker den Lindenblütenhonig schleudern.
Zwischen Mai und Juni entfaltet der Schwarze Holunder am Waldrand viele zarte weiße Einzelblüten. Sie stehen am Strauch eng aneinander wie kleine Schirmchen. Ihr frischer, fruchtiger Duft lockt Fliegen, Hummeln und Bienen an.
Im Frühsommer blüht auf den Feldern der Winterroggen. An den Rändern der Roggenfelder siehst du oft die blauen Kornblumen blühen.
Im Hochsommer, von Juli bis August, fallen an Wegrändern die himmelblauen Zungenblüten der Wegwarte auf. Ihre Blüten folgen dem Sonnenlauf und schließen sich bereits am Nachmittag.
Im Garten reifen jetzt die Roten Johannisbeeren. Sie schmecken erfrischend süß-sauer.

Hochsommer

Hochsommer

1 Setze dich im Freien an einen stillen, schattigen Platz. Schreibe und zeichne, was du siehst, hörst, fühlst … Notiere auch die Sinne, mit denen du den Sommer wahrnimmst.

2 Betrachte die Bilder. Wähle eine Pflanze aus:
- Informiere dich über sie im Internet.
- Schreibe zu der Pflanze einen Steckbrief.

Phänomene des Sommers in der belebten Natur analysieren und erklären; Artenkenntnisse; einen Steckbrief schreiben

S. 4, S. 8

Im Spätsommer reifen die Frühäpfel.

Diese Äpfel müssen schnell verarbeitet oder gegessen werden. Auch im Kühlschrank halten sie nur 14 Tage.

Rezept für Apfelsorbet
Aus Kläräpfeln ein dickes Mus kochen, mit Zimt und Zucker abschmecken. Etwa 4 Stunden ins Gefrierfach stellen, ab und zu umrühren.

3 Klebe ein Tierbild auf. Schreibe dazu eine Tier-Sommergeschichte:
Was macht … im Sommer?

An lauen Abenden zirpen die Grünen Heupferde. Männchen locken die Weibchen an. Nach der Paarung legen die Weibchen durch ihre lange Legeröhre über hundert Eier im feuchten, lockeren Erdboden ab.

Distelfalter sind immer unterwegs. Um der Kälte zu entkommen, fliegen die Wanderfalter bis ins warme Nordafrika. Dabei lassen sie sich vom Wind tragen. Jedes Jahr im Sommer kehren sie wieder zurück.

Das Getreide ist geerntet. Der Feldhamster findet kaum noch Körner auf dem Feld. Er zieht sich in seinen Bau zurück, wo er einen Nahrungsvorrat angelegt hat. Dieser muss für den ganzen Winter reichen.

S. 8

Im Sommer reift das Korn

Getreide gehört zu den Gräsern.
Auf der Suche nach Essbarem sammelten die Menschen vor langer Zeit auch Körner von wilden Gräsern. In späterer Zeit wählten die Menschen einige Pflanzen aus, säten deren Körner aus und ernteten die Erträge. Aus den umherstreifenden Sammlern wurden Ackerbauern, die an einem Ort blieben.
Sie lernten im Laufe der Zeit, jeweils die größten Körner der kräftigsten Pflanzen für die Aussaat zu nehmen.
So züchteten sie ertragreiche Sorten.
Getreide wurde zur Kulturpflanze.

Heute gehört Getreide weltweit zu den wichtigsten Grundnahrungsmitteln.

So ist eine Weizenpflanze aufgebaut:

Weizenpflanze

Weizen ist eine Getreidepflanze.
Man unterscheidet Sommer- und Winterweizen.
Sommerweizen wird ab Ende März ausgesät und im Juli geerntet.
Winterweizen kommt im Herbst in den Boden.
Erst im nächsten Frühjahr wächst die Pflanze.
Sie bildet Blätter und eine Ähre mit Ährchen und Blüten aus. Nach dem Befruchten der Blüten entwickeln sich die Körner.
Winterweizen wird von Anfang Juli bis Mitte August geerntet. Er ist die wichtigste Getreideart und das wichtigste Brotgetreide in Deutschland.

Teile der Getreidepflanze beschreiben;
Anbau von Getreide als Grundnahrungsmittel erkunden
AH S.50, 51

Neben Weizen werden bei uns auch andere Getreidearten angebaut, zum Beispiel Roggen, Gerste, Hafer und Mais.

Weizen Roggen Gerste Hafer Mais

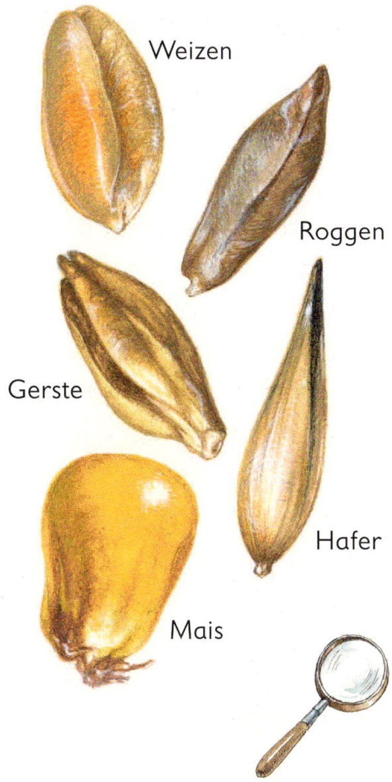

Diese Getreidearten unterscheidet man nach:

- dem Bau ihres Fruchtstandes

Weizen Ähre	Roggen Ähre	Gerste Ähre	Hafer Rispe	Mais Kolben

- dem Vorhandensein oder der Länge der Grannen

Die Grannen der Gerste sind etwa 15 Zentimeter lang.

1 Zeichne eine Getreidepflanze. Benenne sie und beschrifte ihre Teile.

2 Beschreibe und vergleiche die Getreidekörner.

Getreide vergleichen

- Betrachte Getreidearten in der Natur.
- Finde Merkmale:
  – die alle Arten haben,
  – die Arten unterscheiden.
- Notiere Gemeinsamkeiten und Unterschiede.

Tiere im Getreidefeld

Getreidehalm-Wespen
entwickeln sich in den Halmen der Getreidepflanze. Das Weibchen legt oben im Halm ein Ei ab. Daraus schlüpft eine Larve, die sich bis zur Getreidereife durch den Halm nach unten frisst. Dort nagt sie den Halm ab, verschließt den Rest innen mit den Nagespänen und verspinnt sich darin. Im Frühjahr verpuppt sich die Larve. Wenig später schlüpft die Wespe.

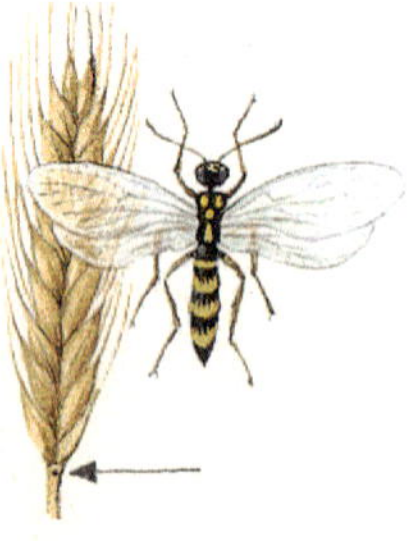

Der Bussard
hat sein Nest in den Baumkronen nahe am Waldrand. Nahrung für sich und seine Jungen, vor allem Feldmäuse, sucht er auf Wiesen und Feldern. Fängt er viele Mäuse, gibt es weniger Kornverluste.

Der Feldhase hockt tags meist in einer Mulde, seiner Sasse. Den Kopf hält er gegen den Wind, um zu riechen, ob Gefahren drohen. Nachts ist er auf Nahrungssuche unterwegs. Er frisst Getreide, Kohl, Klee und andere krautige Pflanzen. Seine Feinde sind Fuchs, Marder und Greifvögel wie Bussard und Habicht.

1 Informiert euch über Tiere im Getreidefeld.

2 Diskutiert, warum einige Tiere im Getreidefeld gut leben können. Beachtet Nahrungsketten, Baue und Fortpflanzung …

Tier-Steckbrief

Name Feldmaus

Lebensorte Felder, Wiesen

Lebensweise Meist leben mehrere Weibchen mit ihren Jungen in einem Bau. Sie graben im Boden weit verzweigte Gänge mit mehreren Öffnungen und gehen etwa alle drei Stunden auf Nahrungssuche. Ihr bräunliches Fell tarnt sie.

Fortpflanzung In einem Nest aus Gras und Stroh unter der Erde bringt ein Weibchen bis zu 10-mal jährlich 4 bis 12 Junge zur Welt. Nach nur 13 Tagen können sich auch die jungen Weibchen fortpflanzen. So entstehen Mäuseplagen.

Nahrung Getreidekörner, Pflanzenteile, Gräser

Feinde Bussard, Eulen, Fuchs

Ein Beobachtungsheft anfertigen

Um Interessantes in Texten und Bildern festzuhalten, kannst du ein kleines Beobachtungsheft führen.

Du brauchst dafür ein DIN-A3-Blatt und eine Schere.
So kannst du es herstellen:

Das Blatt mittig längs falten, den Falz mit dem Fingernagel nachziehen

Das Blatt an der kurzen Mittellinie falten, den Falz wieder nachziehen

Das Blatt in der Mitte noch einmal falten, den Falz verstärken

Das Blatt auseinanderfalten

Das Blatt an der kurzen Mittellinie zusammenlegen

Das Blatt mittig bis zum nächsten Falz einschneiden

Das Blatt wieder längs falten, von beiden Seiten nach innen schieben

Die Blätter nochmals falzen
Das Heftchen ist fertig.

1 Dokumentiere deine Beobachtungen über einen längeren Zeitraum.
Schreibe Texte, male Bilder, klebe Fotos ein …

S. 14, S. 15

Bildquellen

5 imagine/GTZ/Nguyen The Duc, Vietnam; **14** CORBIS/© Patrick Ward (1); Cornelsen Verlagsarchiv (2); picture-alliance/dpa/Schulze (3); **17** Jan Schwärzel, Berlin; **18/19** Corel Library (Hintergrund); **19** Cornelsen Verlagsarchiv (1); blickwinkel/Witten/O. Giel (2); Arco Digital Ima Dirschel, R. (3); Hoefer (4); **22** Rainer J. Fischer, Berlin (1); Cornelsen Verlagsarchiv (2); **24** Aus: Walch, Dieter/Neukamp, Ernst (Fotos): Wolken. Wetter. München: Gräfe und Unzer Verlag GmbH 1989; **25** Cornelsen Verlagsarchiv (1, 2); Institut für wissenschaftliche Fotografie Manfred Karge, Lauterstein (3); Werner Fiedler (4); Rolf Leimbach, Stadtlengsfeld (5); **27** Imk-Physik, Universität Karlsruhe (1); meteosat (2); Mit freundlicher Genehmigung des Wetterdienstes meteromedia Deutschland GmbH/Guido Rottmann (3); **28** S. Brehme (1); Wikimedia/GNU/Rainer Altenkamp, Berlin (2); **29** Fotocommunity/Ricarda Behrend, Wadersloh; **30** Cornelsen Verlagsarchiv (1); H. Schrempp (2); Horst Theuerkauf, Gotha (3); **31** Cornelsen Verlagsarchiv; **32** Superbild/Bernd Ducke (1); Corel Library (2, 3); Søren Müller, Berlin (4); IFA-Bilderteam, München (5); Matthias Luedecke, Berlin (6); Deutscher Wetterdienst, Öffentlichkeitsarbeit (7); Cornelsen Verlags-archiv (8); **33** laif, Köln, Bialobrzeski; **34** Corel Library; **35** commons.wikimedia.org; **36** sunsite.tus.ac./Japan (1); www.hotels-world.com (2); Cornelsen Verlagsarchiv (3, 4); International Medical Scorps, Los Angeles (5); **37** Aus: Spektrum der Wissenschaft. Dossier: Dritte Welt. Mike Goldwater/Matrix (1); ullstein bild, Berlin/BONESS IPON (2); **39** picture-alliance/KPA/Chris (1)/dpa (2, 3); **40** Peter Wirtz, Dormagen (1); Roland Hottas (2); Christine Gürtler, Nittendorf (3, 4, 5); **41** Andy Goldsworthy; **42** Gerhard Medoch, Berlin (1, 2); **43** picture-alliance/OKAPIA/Danesse; **44** Harald Lange, NaturBild Bad Lausick (1); picture-alliance/OKAPIA/M. Read (2); Reinhard (3); dpa/Reinhard (4); **45** Superbild/Alaska Stock (1)/Three (2); **48** Andy Goldsworthy, Cameron Books, London (1); Pixelio/Andreas-Harry Sternberg (2); **49** laif, Köln/Zanettini; **54** FONDS Gesundes Österreich, Wien; **59** Gerhard Medoch, Berlin; ullstein bild/Werner Otto; **64** Gerhard Hoffmann, Berlin (1); Cornelsen Verlagsarchiv (2); Wikimedia/GNU/Gerhard Elsner (3); **66** Cornelsen Verlagsarchiv; **69** FAM-Magdeburger Förderanlagen und Baumaschinen GmbH, Magdeburg (1); STOCKFOOD, München (2); **70** Peter Wirtz (1, 3, 4); picture-alliance/dpa/fotoreport opel (2); **71** Klaus Fischer, Berlin (1, 2, 4); Peter Wirtz (3); **72** Verlag Heinrich Vogel GmbH, München; **73** Peter Wirtz; **74** Peter Wirtz; **77** picture-alliance/dpa ZB/Jens Wolf; **79** ullstein bild (1); Cornelsen Verlagsarchiv (2,3); **80** Cornelsen Verlagsarchiv; **81** ullstein bild (1); Hans-Joachim Stelter, Bad Düben (2, 4); picture-alliance (3, 6); akg-images, Berlin (5); **83** ullstein bild/Späth; **84** akg-images, Berlin (1); Hendrika M. Sonntag, Biungen (2); Stadtmuseum Berlin/Kinder- und Jugendmuseum (3, 4, 5); ullstein bild (6, 7); **85** picture-alliance/dpa/Wolfgang Eilmes (1); picture-alliance/reality/Jörg Lange (2); Cornelsen Verlagsarchiv (3); Schneider GmbH, Wernigerode (4); **86** Bundesarchiv Koblenz/Seidel (1)/Sturm (2); PROFIL Fotografie Marek Lange, Berlin (3); Cornelsen Verlagsarchiv (4); Landeshauptstadt Magdeburg, FD 41. 3 Stadtarchiv (5); **87** ullstein bild/Oed; **89** blickwinkel/H. Schmidbauer; **90** Aus: Geiser, Franz/Krebs, Albert (Fotos): Die Wiese lebt. Zürich: Copyright © by Silva-Verlag 1992 (1); Aus: Pflanzen der Wiese. München: Copyright © 1984 BLV Verlagsgesellschaft mbH/Reinhard (2); Corel Library (3); **91** Wikimedia/GNU/Kristian Peters (1); Corel Library (2); Cornelsen Verlagsarchiv (3); **92** Harald Lange; **93** picture-alliance/dpa-report/landov Phil Mccarten; **94** Gerhard Medoch; **98** Peter Wirtz; **99** Fotolia.com/Stefan Richter; **100** Cornelsen Verlagsarchiv (1); Fotolia.com/Sylvie Thenard (2); Geologischer Dienst NRW, Krefeld (3); picture-alliance/landov/Mike Stocker/South Florida Sun Sentinel (4); **101** Fotolia.com/amridesign (1)/Zauberhut (2); © xima media gmbh (3); Cornelsen Verlagsarchiv (4); **102** Stefan Wagner, Berlin (1, 3); kago GmbH/Pressebild (2); **103** Cornelsen Verlagsarchiv (1); Detlef Machmüller, Berlin (2); **105** Cornelsen Verlagsarchiv; **106** Cornelsen Verlagsarchiv (1); Peter Wirtz (2); **107** Landesamt für Denkmalpflege und Archäologie Sachsen-Anhalt, Halle (1, 2, 3); Cornelsen Verlagsarchiv (4); **108** Cornelsen Verlagsarchiv (1); picture-alliance/akg/Rodemann (2); **109** Cornelsen Verlagsarchiv; **110** Helles Köpfchen/www.helles-koepfchen.de; **111** Gerhard Medoch; **112** Harald Lange (1, 3); OKAPIA/Oliver Giel (2); **114** Hans Blümel, Mücka (1); juniors bildarchiv, Ruhpolding (2); **115** juniors bildarchiv; **116** Harald Lange (1); H. Reinhard (2); **117** Wikipedia/GNU/Baerni (1); W. Otto, Oberhausen (2); NABU/Universität Rostock (3); Reinhard-Tierfoto, Heiligkreuzsteinach (4); **121** laif, Köln; 122 Flickr.com/Alfesto (1); Horst Theuerkauf, Gotha (2); Naturfotografie, Graz (A) (3); Project Photos, Augsburg (4); Reinhard-Tierfoto, Heiligkreuzsteinach (Hans Reinhard) (5); **123** Fotolia.com/daw666 (1); Hans Blümel (2); Harald Lange (3); Cornelsen Verlagsarchiv (4); **124** Schuster, R.; **127** Steffen Weidinger, Berlin

Karten, wenn nicht anders ausgewiesen: Peter Kast, Ingenieurbüro für Kartographie, Schwerin

Wir danken allen Rechteinhabern für die Druckerlaubnis. Da es uns leider nicht möglich war, alle Rechteinhaber zu ermitteln, bitten wir, sich gegebenenfalls an den Verlag zu wenden.